yll

WILLIAM SHAKESPEARE

CYFIEITHIAD

J. T. JONES

Gomer

Cyhoeddwyd gyntaf yn 1970
gan Gymdeithas Lyfrau Ceredigion, Gyf.

Cyhoeddwyd argraffiad newydd yn 2011
gan Wasg Gomer,
Llandysul, Ceredigion SA44 4JL
www.gomer.co.uk

Noddwyd gan Lywodraeth Cymru

ISBN 978 1 84851 385 3

Argraffwyd a rhwymwyd yng Nghymru
gan Wasg Gomer, Llandysul, Ceredigion.

I 'Rene,
fy ngwaudd

Cyhoeddwyd *Twelfth Night* gyntaf yn *First Folio* 1623. Efallai i'r ddrama gael ei henw oherwydd ei pherfformio gyntaf ar achlysur gwledd Nos Ystwyll yn neuadd y Middle Temple yn 1601/2.

Gwobrwywyd y cyfieithiad yn Eisteddfod Genedlaethol Cymru Aberystwyth, 1952.

RHAGAIR

Yn Eisteddfod Genedlaethol Aberystwyth, 1952, bu'r trosiad a wneuthum o ddrama Shakespeare, *Twelfth Night*, dan y teitl *Nos Ystwyll*, yn fuddugol mewn cystadleuaeth 'Cyfieithu a Chyfaddasu Drama Hir', dan feirniadaeth J. Gwyn Griffiths a J. Gwilym Jones; ac yn awr, drwy garedigrwydd Cymdeithas Lyfrau Ceredigion – a fentrodd eisoes gyhoeddi fy nhrosiad o *Hamlet* – dyma *Nos Ystwyll* yn cael 'gweld golau dydd'.

Cymeraf innau'r cyfle hwn i ddiolch i'r Gymdeithas am y gymwynas fawr hon, ac i'r argraffwyr – Gwasg Gomer, Llandysul – am eu cydweithrediad rhadlon hwythau.

Porthmadog [1970] J.T.J.

O.N. Mae'r trosiad hwn, ar y cyfan, yn seiliedig ar destun y *First Folio* (1623).

Y CYMERIADAU

ORSINO, Dug Ilyria
SEBASTIAN, brawd Viola
ANTONIO, capten llong; cyfaill Sebastian
CAPTEN ARALL, cyfaill Viola
VALENTEIN a CWRIO, swyddogion yn nhŷ'r Dug
SYR TOBI BELSH, ewythr Olivia
SYR ANDRW AGUECHEEK
MALVOLIO, goruchwyliwr yn nhŷ Olivia
FFABIAN a FFESTE, gwasanaethwyr Olivia
OLIVIA
VIOLA
MARIA, gwasanaethyddes Olivia

ACT I

GOLYGFA I

[*Enter* ORSINO, DUG ILYRIA, CWRIO *ac* ARGLWYDDI ERAILL.]

DUG: Os porthir serch â miwsig, ewch ymlaen!
  Moeswch ormodedd, a rhowch syrffed im,
  Oni chlafycho'r chwant a marw o'm mewn.
  Yr unrhyw dôn drachefn: lesmeiriol gân!
  Dôi'r miwsig ar fy nghlyw fel sŵn y gwynt
  Fu'n amddifadu'r crinllys pêr o'u sawr,
  I'w wasgar eilwaith. Na, dim mwy, dim mwy.
  Nid yw mor bêr yn awr ag ydoedd gynt.
  O ysbryd Serch, mor fyw, mor eiddgar wyt!
  Mae gennyt, fel y môr, ddifesur ddawn
  I dderbyn ac i ddal; ond ni ddaw dim,
  Beth bynnag fyddo'i naws, i mewn i'th gôl,
  Na chyll ei rin a'i werth mewn munud awr:
  Canys, mor llawn o ffansi ydyw Cariad,
  Mae'n anad unpeth yn ddychmygion oll.
CWRIO: A fynnwch hela, f'Arglwydd?
DUG: Hela beth?
CWRIO: Yr hydd.
DUG: Heliedig ydyw eisoes, ynof fi.
  O! pan ganfûm Olivia gynta 'rioed,
  Roedd gwyrth ei thegwch yn bereiddiol dân;
  Minnau o'r foment honno wyf megis hydd,

A holl fytheiaid didrugaredd Serch
Yn para i'm hymlid.

[*Enter* VALENTEIN.

Ha! Beth ddwedodd hi?

VALENTEIN: Ysywaeth, syr, ni fynnai 'ngweld na 'nghlywed;
Ond dyma'r ateb roes ei morwyn imi:
Ni cheir yn gyhoedd mwyach weld ei gwedd
Nes myned heibio'n llwyr saith dymor haf.
Arfaetha, fel mynaches, guddio'i threm,
A rhodio'i 'stafell beunydd, i'w dyfrhau
Â dagrau hallt. Hyn oll, medd hi, o barch
I'w brawd fu farw – i gadw ei goffadwriaeth
Yn dirf ac iraidd yn ei chalon brudd.

DUG: O! pan yw rhin ei chalon hi mor ddwys
Nes talu'r ddyled hon o serch i *frawd*,
Beth fydd ei chariad wedi i'r euraid saeth
Ladd pob rhyw achlysurol serch y sydd
Yn trigo ynddi – a minnau'n unig deyrn
Gorseddau drud ei phen a'i chalon hi,
A'i holl serchiadau megis deiliaid im?
Tyrd, dwg fi draw at fflur-welyau mwyn:
Caf serch-feddyliau moethus dan y llwyn.

GOLYGFA II

[*Enter* VIOLA *a* CHAPTEN, *a* MORWYR.]

VIOLA: Ffrindiau, pa wlad yw hon?

CAPTEN: Ilyria, Madam.

VIOLA: Ond beth a wnaf yn Ilyria?
Mae 'mrawd ym Mharadwys.
Gall ddigwydd nas boddwyd: beth ddwedwch, forwyr?

CAPTEN: Digwydd, bid siŵr, fu eich arbed chwi eich hun.
VIOLA: O! fy mrawd druan. Mae siawns y cedwir yntau.
CAPTEN: Oes, Madam, oes; ac i'ch cysuro â siawns –
Gwybyddwch hyn – a'r llong yn hollti'n ddwy,
A chwi a'r 'chydig eraill, un ac oll,
Yn hongian wrth ein bad – gwelais eich brawd
(Yn ddoeth-feddylgar) yn ei rwymo ei hun
(Dan gyfarwyddyd gobaith a gwroldeb)
Wrth hwylbren praff a nofiai ar y don,
Ac fel Arïon gyda'r dolffin gynt –
Roedd yntau'n dal i farchog tonnau'r lli
Tra medrwn weld.
VIOLA: Dyma it' aur am d'eiriau.
Mae'r hyn a ddwedi, a'r ddihangfa fau,
Yn nerthu 'ngobaith ddarfod iddo ef
Ddianc fel finnau. Adwaenost ti'r wlad hon?
CAPTEN: Adwaenaf, Madam; rhyw daith tridiau sydd
O'r llecyn hwn i'r fan y'm ganed i.
VIOLA: A phwy sy'n bennaeth yma?
CAPTEN: Dug anrhydeddus, ac o enw da.
VIOLA: Beth yw ei enw?
CAPTEN: Orsino.
VIOLA: Orsino: fe soniai 'nhad amdano gynt,
A dwedai, os cofiaf, mai dibriod oedd.
CAPTEN: Mae felly o hyd, ond odid. Does ond mis
Ers pan wyf oddi cartref, ac roedd sôn
Bryd hynny ymhlith y werin (Carant hwy,
Chwi wyddoch, sôn am helynt bonedd byd),
Ei fod mewn cariad ag Olivia deg.
VIOLA: A phwy yw hi?
CAPTEN: Rhiain rinweddol – merch i Arglwydd hael
Fu farw y llynedd. Trefnodd ef i'w brawd,

Ei fab, ofalu amdani; ond bu yntau
Farw cyn hir – ac yn ei galar dwys
Amdano, meddir, llwyr ymgadw y mae
Rhag gweld na cheisio cwmni neb rhyw ddyn.

VIOLA: O na bawn wasanaethwr iddi hi,
A gado i'r byd gamsyniad am fy stad,
Nes dyfod amser addas i'w ddarbwyllo
Mai rhiain wyf.

CAPTEN: Nid hawdd fai cyrraedd hynny:
Ni fyn hi mwyach wrando ar ymbil neb:
Mae'n fyddar hyd yn oed i gais y Dug.

VIOLA: Mae d'ysbryd, gapten, yn rhyfeddol hawddgar:
Ac er fod Natur ambell dro'n amgáu
Halogrwydd mall o fewn adeilad cain –
Rwy'n credu bod dy fryd a'th anian di
Mewn llwyr gysondeb â'th allanol wedd.
Atolwg (ac mi dalaf iti'n hael) –
Cadw 'nghyfrinach, a rho gymorth im
I drefnu ymddieithriad a'i gwna'n haws
I'm gyrraedd f'amcan. Byddaf was i'r Dug;
Cei di 'nghyflwyno iddo, a'm galw yn eunych;
Ac elw it' fydd: cans medraf ganu, a rhoi
Diddanwch iddo trwy bob math o fiwsig,
A phrofi 'mod i'n deilwng i'w was'naethu:
Ac yna – doed a ddêl! Ond dangos di
Fudandod doeth yn sŵn f'arabedd i!

CAPTEN: Eich mudan fyddaf. Trawer fi'n llwyr ddall.
Os methaf ddal fy nhafod fel dyn call.

VIOLA: Rwy'n ddiolchgar: awn ymlaen.

[*Exeunt.*

GOLYGFA III

[*Enter* SYR TOBI *a* MARIA.]

SYR TOBI: Beth sy'n corddi fy nith i gymryd ati mor ddwys ar farwolaeth ei brawd. Rwy'n siŵr fod hiraethu a phoeni yn berygl bywyd.

MARIA: O ddifri calon, Syr Tobi, rhaid ichi ddod i mewn yn gynt y nos. Mae f'Arglwyddes, eich nith, yn methu â godde'ch oriau hwyr.

SYR TOBI: Rhaid iddi oddef neu ddi-oddef.

MARIA: Na'n wir, mae'n rhaid i *chwi* gadw o fewn terfynau gweddus, a diwygio.

SYR TOBI: Diwygio! Ni fynnaf well diwyg na hon. Mae'r wisg yma'n burion i yfed ynddi. Mae'r 'sgidia 'ma hefyd; ac onid e, aent i'w crogi â'u strapiau eu hunain.

MARIA: Mae'r yfed a'r potio 'ma'n siŵr o'ch andwyo. Ddoe ddwytha'n y byd mi glywais f'Arglwyddes yn sôn am y peth, ac am ryw lolyn o farchog a ddyg'soch yma un noson i 'mofyn ei llaw.

SYR TOBI: Pwy? Syr Andrw Aguecheek?

MARIA: Ie, dyna fo.

SYR TOBI: Mae o cyn ddewred dyn â neb yn Ilyria.

MARIA: A pha werth ydi hynny, 'sgwn i?

SYR TOBI: Wel, mae'n werth teirmil dycat y flwyddyn.

MARIA: Falla'i fod o, ond yn ystod y flwyddyn fe waria pob dycat sy' ganddo. Ffŵl gwirion ydi o, ac afradlon hefyd.

SYR TOBI: Ffei ohonoch yn dweud y fath beth! Gall chwarae'r feiol fawr, a siarad tair neu bedair o ieithoedd heb lyfr. Mae doniau natur ganddo i gyd.

MARIA: Ydyn, *bron* i gyd! Heblaw bod yn ffŵl, mae'n sgut am gweryla; ac oni bai fod ganddo ddawn amserol dyn llwfr i ddiffodd yr ysfa ymgecru, fe syrthiai toc i anamserol fedd. O leia, dyna farn pobol graff.

SYR TOBI: Myn f'enaid i, gweilch ac enllibwyr sy'n siarad fel yna. Pwy ydyn nhw?

MARIA: 'Run rhai ag sy'n dweud ei fod yn feddw gorn bob nos yn eich cwmni chwi.

SYR TOBI: Ie, yn yfed iechyd da i'm nith: mi yfaf iddi tra bo twll yn fy ngwddw, a thra bo diod yn Ilyria. Mae'r sawl sy'n gwrthod yfed i'm nith nes bod ei ben yn troi fel topyn – yn llwfryn ac yn llechgi. Ond hogen! *Castiliano vulgo*: dyma Syr Andrw'n dod.

[*Enter* SYR ANDRW.

SYR ANDRW: Syr Tobi Belsh! Sut hwyl, Syr Tobi Belsh?

SYR TOBI: Syr Andrw annwyl!

SYR ANDRW: Fy mendith, gain 'lodes.

MARIA: I chwithau 'run fath, syr.

SYR TOBI: Rhagot, Syr Andrw, rhagot!

SYR ANDRW: Rhagot by . . . beth?

SYR TOBI: Llawforwyn fy nith.

SYR ANDRW: Wel, Meistres Rhagot, mae'n dda gen i eich cyfarfod.

MARIA: Mari yw f'enw i, syr.

SYR ANDRW: O, Meistres Mari Rhagot –

SYR TOBI: Rwyt yn camddeall, farchog. Rhagot yw hei ati, amdani, mentra hi, gwasga hi.

SYR ANDRW: Ar f'engoch i, charwn i mo'i mentro hi yn y cwmni presennol. Ai dyna ystyr Rhagot?

MARIA: Ffarwél, fon'ddigion.

SYR TOBI: Os gadewi iddi 'madael fel yna, Syr Andrw – wel, paid â chydio mewn cleddyf byth mwy.

SYR ANDRW: Os ymadewch fel yna, meistres, na foed im gydio mewn cleddyf byth mwy. Riain dlos, a ydych yn meddwl mai ffyliaid sydd gennych mewn llaw?

MARIA: Syr, tydach chi ddim yn fy llaw.

SYR ANDRW: Myn gafr i, mi fyddaf. Hwdiwch fy llaw.

MARIA: Nawr, syr, mae'r meddwl yn rhydd: atolwg dowch â'ch llaw at y bar, a chaed yfed.

SYR ANDRW: Yfed beth, cariad? Beth yw eich dameg?

MARIA: Mae'n sych, syr.

SYR ANDRW: Ydi, mi wn. Dydw i ddim cymin' o ffŵl na fedra i gadw fy llaw'n sych. Ond beth ydi'r ffraetheb?

MARIA: Ffraetheb sech, syr.

SYR ANDRW: Ydach chi'n llawn ohonyn nhw?

MARIA: Ydw, syr. Maen nhw ar flaenau fy mysedd. Ond rŵan, wedi gollwng eich llaw, rwy'n ddiffwyth.

[*Exit* MARIA.

SYR TOBI: Da thi, farchog, cymer lymaid o win. Chefaist ti 'rioed dy lorio mor dwt.

SYR ANDRW: Naddo 'rioed, os nad gan y ddiod. Mi fydda'n ofni weithia 'mod i'n llai deallus na'r un Cristion, neu unrhyw ddyn cyffredin: ond rydw i'n sgut am gig eidion, a chredaf fod hynny'n gwanhau fy neall.

SYR TOBI: Synnwn i ddim.

SYR ANDRW: Pe gwyddwn i hynny, mi geisiwn fyw hebddo. Rydw i am fynd adre fory, Syr Tobi.

SYR TOBI: *Pourquoi*, farchog annwyl?

SYR ANDRW: Beth ydi *pourquoi*? Ie ynte nage? O na roeswn gymin' o amser i ddysgu ieithoedd ag a roddais i ddawnsio, baetio eirth a thrin y cledd! O na roeswn sylw i'r celfyddydau!

SYR TOBI: Buasai gwell trefn ar dy wallt felly.

SYR ANDRW: Beth? A wnaethai hynny ryw les i'm gwallt?

SYR TOBI: Debyg iawn. Gweli nad oes siawns iddo grychu'n naturiol.

SYR ANDRW: Ond mae'n gweddu imi'n burion, onid yw?

SYR TOBI: Yn gampus! Mae'n hongian fel llin ar gogail! A charwn weld gwraig tŷ yn dy gymryd rhwng ei choesau a'i nyddu i ffwrdd.

SYR ANDRW: Rwy'n mynd adre fory, yn wir, Syr Tobi. Ddaw eich nith ddim i'r golwg, a phe dôi, chymerai hi ddim sylw ohonof. Mae'r Cownt ei hun, eich cymydog, yn ceisio'i llaw.

SYR TOBI: Chymer hi ddim sylw o'r Cownt, beth bynnag. Fyn hi ddim priodi neb sy'n uwch na hi o ran stad, nag oedran, na deall. Fe'i clywais yn dwedyd hynny. Twt, twt, ddyn glân, mae gobaith tra bo einioes.

SYR ANDRW: Wel, mi arhosaf fis arall. Mae gen i'r syniadau rhyfeddaf. Rwyf wrth fy modd yn gyfangwbl weithiau lle bo actio a dawnsio, a nosweithiau llawen.

SYR TOBI: Rwyt ti'n hen law gyda'r cyfryw betheuach, mae'n debyg?

SYR ANDRW: Cystal â neb yn Ilyria, pwy bynnag fo, ac eithrio'r sawl sy'n uwch ei stad; ond tydw i ddim yn bencampwr, rwy'n cyfaddef.

SYR TOBI: Wyt ti'n fedrus ar ddawns gyflym?

SYR ANDRW: Gallaf neidio fel gafr.

SYR TOBI: Rhagorol, myn gafr i.

SYR ANDRW: Ac mi fedraf neidio gwrthlam cystal â neb yn Ilyria.

SYR TOBI: Wel, pam mae'r pethau hyn yn guddiedig? Pam y rhoir llen i guddio'r fath ddoniau? Oes peryg i'r llwch fynd arnynt, fel ar lun Modryb Mal? Pam nad ei di i'r eglwys ar duth, a dychwelyd dan ddawnsio? Ni ddylit gerdded os nad ar garlam, na gwneud dŵr chwaith heb ddawnsio'r bum-step. Beth yw dy feddwl? Ai man yw'r byd hwn i guddio rhinweddau? A barnu wrth gyfansoddiad rhagorol dy goes, fe'i lluniwyd dan seren y ddawns.

SYR ANDRW: O, mae'n goes eitha cadarn, ac mae'n edrych yn dda mewn sanau lliw llachar. Gawn ni ddechrau Noson Lawen?

SYR TOBI: Beth wnawn ni amgenach? Onid dan Tawrws y'n ganed?

SYR ANDRW: Tawrws? Yr ochrau a'r galon yw hynny.

SYR TOBI: Nage'n wir, syr: y coesau a'r cluniau. Gad im dy weled yn prancio. Ha! yn uwch: ha, ha, bendigedig!

[*Exeunt.*

GOLYGFA IV

[*Enter* VALENTEIN, *a* VIOLA *yng ngwisg dyn.*]

VALENTEIN: Os deil y Dug i'th fawrhau fel hyn, Cesario, mae dyrchafiad sicr yn d'aros. Does dim ond tridiau er pan ddaethost yma, ac eisoes fe ddarfu pob dieithrwch rhyngoch.

VIOLA: Ond mae ofn ei fympwy ef *neu* ofn fy esgeulustod i yn peri it' amau parhad ei ffafr tuag ataf. Ai gŵr anwadal ydyw?

VALENTEIN: Nage, coelia fi.

VIOLA: Wel, diolch iti: dyma'r Dug yn dod.

[*Enter* DUG, CWRIO *a* CHYFEILLION.

DUG: A welodd rhywun Cesario yma?

VIOLA: At eich gwasanaeth, f'Arglwydd: wele fi.

DUG: Aed pawb o'r neilltu'n awr. Cesario,
Ti wyddost beth yw 'mryd: agorais glawr
Cyfrinach f'enaid iti megis llyfr.
Felly, lanc hoff, cais weithion air â hi.
Na chymer d'wrthod; saf ar drothwy'r ddôr,
A dywed na symudi byth o'r fan
Nes cael gwrandawiad.

VIOLA: Purion, f'Arglwydd, ond –
Os ydyw hi mor anobeithiol athrist
Ag a ddywedir, ni chaf gyfle i'w hannerch.

DUG: Bydd stormus daer; tafl ymaith foesau teg,
Yn hytrach na dychwelyd heb ei gweld.
VIOLA: Ac os *caf* air â hi – beth wedyn, syr?
DUG: Datguddia wedyn angerdd dwys fy serch,
A thraetha 'ngofid nes ei hurtio ag ef.
Nid annaturiol it fydd actio 'ngwae:
Llanc ieuanc wyt; rhydd hithau lwyrach clust
I'th neges drosof, na phe bait yn hŷn?
VIOLA: O, tybed, f'Arglwydd?
DUG: Paid ag amau dim:
Nid teg â'th febyd, fachgen, ar fy llw,
Fai dal i'th alw yn ddyn. Ni fedd Diana
Wefusau mor fwyth-liwgoch â thydi.
Cliriach na threbl morwynig yw dy lais,
A hawdd i ti fai portreadu bun.
Rhoes Natur it', mi wn, yr union ddawn
I'm cynorthwyo. Chwithau, un ac oll,
Ewch gydag ef. O'm rhan fy hun, rwyf well
Po leia'r cwmni. Os llwyddiant fydd dy waith,
Cei gyfranogi o'r cyfoeth mau, mor llwyr
 minnau d'arglwydd.
VIOLA: Gwnaf a fedraf, syr,
I'w hargyhoeddi. [*O'r neilltu.*] Chwithig dasg i mi;
Cans hoffwn innau fod yn wraig i ti.

[*Exeunt.*

GOLYGFA V

[*Enter* MARIA *a'r* CLOWN]

MARIA: Nage; dywed wrthyf p'le buost – neu nid agoraf fy ngwefusau drwch blewyn i geisio rhoi esgus drosot. Mae f'Arglwyddes yn barod i'th grogi am d'absenoldeb.

CLOWN: Croged fi, ynteu: os crogir dyn yn y byd hwn, does dim rhaid iddo ofni undyn byw.

MARIA: Sut hynny?

CLOWN: Am na *wêl* o neb *i'w* ofni.

MARIA: Cysur tenau iawn. Gallaf ddweud wrthyt o b'le y daeth 'dim ofn undyn byw'.

CLOWN: O b'le, Meistres Mari?

MARIA: O faes y gad: bydd dithau'n ddigon dewr i ddweud hynny yn dy ffwlbri.

CLOWN: Wel, rhoed Duw ddoethineb i'r bobl a'i medd; a boed i'r rhai sy'n ffyliaid ddefnyddio'u talentau.

MARIA: Ond fe'th grogir wedi'r cwbl am fod cyd yn absennol; neu fe golli dy le – ac i *ti* byddai hynny'n waeth na chael dy grogi.

CLOWN: Mae llawer crogfa dda wedi rhwystro priodas ddrwg; ac os collaf fy lle – wel, brysied yr haf.

MARIA: Rwyt yn benderfynol, ynteu?

CLOWN: Na, ddim yn hollol: ond rwy'n benderfynol ar ddau bwynt.

MARIA: Hynny yw, os tyr y naill, fe ddeil y llall; neu os tyr y ddau, daw dy lodrau i lawr.

CLOWN: Gwych, ar fy llw, gwych iawn. Wel, ffwrdd â thi. Petai siawns i Syr Tobi roi'r gorau i'r ddiod, byddit tithau cyn ffraethed darn o gnawd Efa ag unrhyw ferch yn Ilyria.

MARIA: Taw, dyna hen ddigon. Mae f'Arglwyddes yn dod. Gwna esgus doeth, neu druan ohonot.

[*Exit.*

[*Enter* YR ARGLWYDDES OLIVIA *a* MALVOLIO.

CLOWN: Ffraethineb, os gweli'n dda, gwna fi'n ffŵl effeithiol. Mae'r bobl sy'n tybio eu bod yn feddiannol arnat yn ffyliaid gwirioneddol yn fynych. Gallaf innau, sy'n amddifad ohonot, ymddangos yn ŵr doeth. Ys dywed Cwinpalws – 'Gwell yw ffŵl doeth na doeth ynfyd'. Hawddamor, Arglwyddes.

OLIVIA: Ewch â'r ffŵl ymaith.

CLOWN: Glywsoch chi, ffrindiau? Ewch â'r Arglwyddes ymaith.

OLIVIA: Ffwrdd ti, rwyt ti'n sychlyd. Rwyf wedi blino arnat. Gwaeth fyth, rwyt yn anonest.

CLOWN: Dau ddiffyg, Madonna, y gall diod a chyngor eu trwsio. Rhodder diod i ffŵl, ac fe baid â bod yn sychlyd. Archer i'r anonest ddiwygio – ac os diwygia, nid yw mwyach yn anonest; ond os metha – boed i'r clytiwr ei drwsio. A drwsiwyd, fe'i clytiwyd yn unig. Y rhinwedd a droseddo, fe'i clytir â phechod; a'r pechod a drwsier, fe'i clytir â rhinwedd. Os cywir fy rhesymeg, purion; onid e, beth yw'r feddyginiaeth? Megis nad oes wir gwcwallt ond trychineb, felly blodyn yw prydferthwch. Archodd yr Arglwyddes ddwyn ymaith y ffŵl – ac felly, meddaf eto, ymaith â hi.

OLIVIA: Syr, erchais i'r rhain fynd â *thi* ymaith.

CLOWN: Camgymeriad dybryd. *Cucullus non facit monachum*, f'Arglwyddes: hynny yw, nid wyf fi yn gwisgo ffol-wisg yn fy 'mennydd. Madam fwyn, rhowch gennad imi *brofi* mai ffŵl ydych.

OLIVIA: Fedri di?

CLOWN: Yn bur ddeheuig, Madam.

OLIVIA: Tyrd â'r praw.

CLOWN: Rhaid eich holwyddori amdano, Madam. Da chwi, bodlonwch i ateb.

OLIVIA: Wel, syr, yn niffyg gwell gorchwyl, mi wnaf.

CLOWN: Madam bach, pam yr wyt mewn galar?

OLIVIA: Ffŵl bach, oherwydd marwolaeth fy mrawd.

CLOWN: Rwy'n *tybio* bod ei enaid yn uffern, Madam.

OLIVIA: Rwy'n *gwybod* bod ei enaid yn y nefoedd, ffŵl.

CLOWN: Ond ffolineb yw gofidio bod eich brawd yn y nef. Ymaith â'r ffŵl, fon'ddigion.

OLIVIA: Beth yw dy farn di am y ffŵl hwn, Malvolio? Onid yw'n diwygio?

MALVOLIO: Ydyw, ac fe ddeil i ddiwygio nes dod gwewyr marwolaeth i'w 'sgytian. Mae nychdod, sy'n dirywio'r doeth, yn diwygio ffŵl.

CLOWN: Anfoned y Nef rhyw nychdod sydyn i *chwi*, er mwyn cryfhau eich ffolineb! Fe dwng Syr Tobi nad wyf fi fawr o lwynog, ond prin iawn y tyngai nad ydych *chwi* ddim yn ffŵl.

OLIVIA: Beth ddwedi'n awr, Malvolio?

MALVOLIO: Rwy'n synnu, Madam, fod gwrando ar gnaf mor ddigroen yn foddion hyfrydwch i chi. Mi welais ffŵl cyffredin y dydd o'r blaen – dyn dwl fel darn o garreg – yn ei drechu'n llwyr. Edrychwch arno'n awr – mae o eisoes ar goll. Heb rywun i chwerthin am ei ben a hybu tipyn arno, mae'n gwbl ddiymadferth. Coeliwch fi – nid yw'r doethion sy'n crechwen wrth glywed y ffyliaid proffesiynol hyn ddim gwell na'r ffyliaid ffair sy'n ceisio'u hefelychu.

OLIVIA: Malvolio, rwyt yn glaf o hunan-gariad, a'th archwaeth yn afiach. Mae'r pethau nad ŷnt ond cerrig mân i bobl radlon ac eangfrydig yn ymddangos i ti fel tân-belennau trymion. Does dim malais yng ngeiriau ffŵl breintiedig, er gwaethaf ei holl ddirmyg, na dim dirmyg yng ngeiriau dyn doeth er gwaethaf ei holl geryddu.

CLOWN: Ond Madam, ni ellwch siarad yn dda am ffyliaid heb gymorth duw'r celwydd ei hun!

[*Enter* MARIA

MARIA: Madam, mae gŵr bonheddig ieuanc, ger y porth, yn dymuno siarad â chwi.

OLIVIA: Cennad y Cownt Orsino, mae'n debyg?

MARIA: Fedra i ddim dweud, Madam; ond mae'n ŵr ieuanc teg o bryd, a chwmni gydag o.

OLIVIA: A phwy o'm pobl sy'n ei ddal yn ôl?

MARIA: Syr Tobi, Madam, eich ewythr.

OLIVIA: Cedwch f'ewythr ymaith, da chwi. Fedr o siarad dim ond lol, ffei ohono.

[*Exit* MARIA.

Dos dithau, Malvolio: os llatai'r Cownt yw'r ymwelydd – rwy'n wael neu oddi cartref: unrhyw esgus i'w droi ymaith.

[*Exit* MALVOLIO.

Ti weli'n awr, syr, fod dy 'smaldod yn fwrn, ac yn blino pobl.

CLOWN: Lleferaist drosof, Madonna, fel tae gennyt fab hynaf yn ffŵl. Boed i'r duwiau lenwi ei benglog â deall; ond dyma fo'n dod:

[*Enter* SYR TOBI.

Un o'th geraint, a chanddo 'mennydd tra gwanllyd.

OLIVIA: Ac ar fy ngwir, mae'n hanner meddw. Beth yw'r dyn sydd wrth y porth, f'ewythr?

SYR TOBI: Gŵr bonheddig.

OLIVIA: Gŵr bonheddig? Pa fonheddig?

SYR TOBI: Gŵr bonheddig sy' 'ma . . . Ymhell y bo'r pennog hallt 'ma. Sut hwyl, lolyn?

CLOWN: Syr Tobi bach.

OLIVIA: F'ewythr, rhag cywilydd; beth yw'r ansadrwydd yma, mor fore â hyn?

SYR TOBI: Anlladrwydd? Rwy'n herio anlladrwydd. Mae 'na un wrth y porth –

OLIVIA: Wel, deudwch beth ydi o.

SYR TOBI: Boed ddiafol, os myn: 'waeth gen i. Ond cred a chrefydd i mi. Wel, dim gwahaniaeth. [*Exit.*

OLIVIA: Tebyg i beth yw meddwyn, ffŵl?

CLOWN: Tebyg i ddyn wedi boddi, a ffŵl, a gwallgofddyn. Mae'r llwnc cyntaf dros y marc yn ei droi'n ffŵl, yr ail yn ei wallgofi, a'r trydydd yn ei foddi.

OLIVIA: Dos dithau i nôl y crwner, a boed cwest ar f'ewythr. Mae ef yn y trydydd gradd o feddwdod, ac wedi boddi. Dos i edrych ar ei ôl.

CLOWN: Nid yw ond gwallgof, Madam, hyd yma: a dyma'r ffŵl yn mynd i helpu'r gwallgofddyn.

[*Exit* CLOWN.
Enter MALVOLIO.

MALVOLIO: Madam, mae'r llanc ifanc yna'n benderfynol o gael gair â chwi. Dwedais eich bod yn wael: roedd yntau, meddai ef, yn gwybod hynny, ac am siarad â chwi o'r herwydd. Dwedais eich bod yn cysgu; ond fe wyddai hynny hefyd, ac oherwydd hynny y daeth yma i siarad â chwi. Beth ddwedir wrtho, f'Arglwyddes? Mae ganddo ateb i bob dadl.

OLIVIA: Dywed wrtho na chaiff o ddim siarad â mi.

MALVOLIO: Fe ddwedwyd hynny eisoes. Dywed yntau y saif wrth eich drws fel polyn siryf, a chynnal y fainc nes cael siarad â chwi.

OLIVIA: Sut ddyn ydyw?

MALVOLIO: Dyn fel pob dyn arall.

OLIVIA: Ond pa *fath* ar ddyn?

MALVOLIO: Un *heb* ei fath. Mae hwn am siarad â chwi er eich gwaethaf.

OLIVIA: Beth yw ei oed a'i ymddangosiad?

MALVOLIO: Nid yw'n ddigon hen i'w alw'n ddyn, nac yn ddigon ifanc i'w alw'n hogyn: calloden heb aeddfedu, neu afal heb orffen pesgi. Mae yn rhywle rhwng trai a llanw, rhwng bachgen a dyn. Mae'n landeg ei wala, ac yn siarad yn ferchetaidd. Gellid tybio mai'n ddiweddar y gorffennwyd ei ddiddyfnu.

OLIVIA: Gad iddo ddyfod. Galw ar fy nghyfeilles.

MALVOLIO: Riain, mae f'Arglwyddes yn galw.

[*Exit.*

[*Enter* MARIA.

OLIVIA: Dod orchudd dros fy wyneb. Rhoddaf glust *un* waith drachefn i genadwri'r Cownt.

[*Enter* VIOLA.

VIOLA: Ac anrhydeddus wraig y plas – p'run ydyw?

OLIVIA: Llefara. Atebaf drosti. Tyrd â'th gais.

VIOLA: Ddisgleiriaf, geinaf, ardderchocaf bortread o brydferthwch, rhowch wybod, atolwg, ai dyma Arglwyddes y tŷ, oblegid nis gwelais erioed. Ni fynnwn, er dim, wastraffu f'araith. Fe'i hysgrifennwyd yn dra rhagorol; ac at hynny, cymerais drafferth i'w dysgu. Rianedd annwyl, na'm dirmyger; rwy'n boenus o deimladwy; mae'r ansyberwyd lleiaf yn ing i'm henaid.

OLIVIA: O b'le y daethost?

VIOLA: Ni fedraf fawr ddim tu hwnt i'r llith a ddysgais, ac nid yw'r cwestiwn yna yn y wers. Riain garedig, rhowch radd o sicrwydd imi mai chwi yw Arglwyddes y tŷ, a chaffwyf fynd ymlaen â'm haraith.

OLIVIA: Ai actor ydwyt?

VIOLA: Nid felly, 'nghalon ddofn: ac eto (myn cil-ddannedd malais) nid wyf a chwaraeaf. Ai chwi *yw* gwraig y tŷ?

OLIVIA: Ie, os nad ymhonnydd wyf.

VIOLA: Yn sicr ddigon – ymhonnydd ydych, os chwi yw'r Arglwyddes; oblegid, yr hyn sydd eiddoch i'w roddi, nid yw'n eiddoch i'w gadw. Ond, rwy'n anghofio fy neges. Af ymlaen â'm haraith o fawl; ac wedyn cewch wybod craidd fy neges.

OLIVIA: Rho naid dros y moliant: tyrd at y neges ar unwaith.

VIOLA: Och, cymerais boen a thrafferth i'w ddysgu: ac mae'n hynod farddonol.

OLIVIA: Ac yn hynod ddychmygol, bid siŵr. Wel, gad ef i mewn. Clywais mor haerllug oeddit gerllaw'r porth, a gadewais iti ddod i mewn – nid i wrando arnat, ond i synnu atat. Os nad wyt loerig, dos ymaith; neu o leiaf cais fod yn fyr. Nid wyf mewn tymer i wrando ar druth wamal.

MARIA: Os mynnwch 'godi hwyl', syr, ac ymado – dyma'r ffordd.

VIOLA: Nid felly, 'rhen swabwr. Rhaid oedi'n y porthladd ychydig yn hwy. Arglwyddes hoff, gwnewch rywbeth i dawelu'r gawres.

OLIVIA: Traetha dy feddwl.

VIOLA: Negesydd dros arall wyf fi.

OLIVIA: A'th gwrteisi mor ddychrynllyd, mae'n rhaid bod gennyt genadwri echrydus i'w chyflwyno. Tyrd â'th neges.

VIOLA: I'ch clust chwi yn unig y mae. Ni ddeuthum yma i fygwth rhyfel nac i hawlio gwrogaeth. Olewydden sydd yn fy llaw: mae 'ngeiriau cyn llawned o dangnefedd ag ydynt o ystyr.

OLIVIA: Ond dechreuaist yn anfoesgar. Beth ydwyt? Beth fynnit?

VIOLA: Dysgais yr anfoesgarwch drwy'r derbyniad a roed im. Mae'r hyn ydwyf a'r hyn a fynnaf yn gymaint cyfrinach â morwyndod. I'ch clustiau chwi byddai'n bregeth; i glustiau eraill byddai'n halogrwydd.

OLIVIA: Boed y lle i ni'n hunain ynteu. Rhof wrandawiad i'r bregeth.

[*Exit* MARIA.

Yn awr, syr, beth yw'r testun?

VIOLA: Fwyneiddiaf Arglwyddes –

OLIVIA: Athrawiaeth gysurlon, a llawer i'w ddweud drosti. P'le mae'r testun?

VIOLA: Ym mynwes Orsino.

OLIVIA: Yn ei fynwes? Pa bennod o'r fynwes?

VIOLA: Ac ateb yn yr un dull – ym mhennod gyntaf ei galon.

OLIVIA: O, fe'i darllenais: mae'n heresi llwyr. Ai dyna'r cwbl?

VIOLA: Atolwg, Madam, rhowch im weld eich gwedd.

OLIVIA: A gefaist ganiatâd gan d'Arglwydd i ymdrafod â'm hwyneb? Rwyt yn awr y tu faes i'th destun: er hynny, mi dynnaf y llen a dangos y darlun. Dyma, syr, y llun oedd arnaf yr holl amser: onis gwnaethpwyd yn dda?

VIOLA: Fe'i gwnaethpwyd yn gampus, os Duw wnaeth y cyfan.

OLIVIA: Mae'n naturiol i gyd, syr: fe ddeil pob rhyw dywydd.

VIOLA: Mae'r lliwiau'n dlysni llwyr. Llaw Natur bêr
Fu'n paentio'n gelfydd gyda'i choch a'i gwyn.
Arglwyddes – chwi yw'r ferch greulona' erioed,
Os ewch â'r holl brydferthwch hwn i'r bedd,
A gado'r byd heb gopi.

OLIVIA: Ni fyddaf mor galon-galed â hynny, syr. Mi gyhoeddaf amryfal ddisgrifiadau o'm prydferthwch. Caiff ei gatalogi'n fanwl. Fe gynhwysir pob dernyn a phob llestryn yn f'ewyllys, fel hyn: eitem, dwy wefus gweddol goch; eitem, dau lygad llwyd a chaead ar bob un; eitem, un ên, un gwddf, ac felly ymlaen. Ai i'm canmol y'th anfonwyd yma?

VIOLA: Rwy'n gweld eich anianawd: mae'n rhy falch.
Ond petai'r diafol fyddech, rŷch yn dlos.
Mae f'Arglwydd yn eich caru; ac O, mae'i serch
Yn deilwng o'ch mawrhad, ie, hyd yn oed
Pe baech berffeithrwydd tegwch.

OLIVIA: Ond dywed im
Ym mha ryw ddull a modd y mae'n fy ngharu?

VIOLA: Ag addoliadau dwys a dagrau drud;
Â stormus riddfan ac ochneidiau tân.

OLIVIA: Fe ŵyr dy feistr na allaf fi mo'i garu.
Mae'n wir ei fod yn ddewr ac anrhydeddus,
Yn ieuanc, glân ei foes, a gwych ei stad,
Uchel ei barch, a mawr ei ddawn a'i ddysg,
Ac o ran llun a pherson, maint a gosgedd
Yn hawddgar oll; ond eto i gyd, nis caraf;
Mae yntau ers talm yn gwybod hynny'n dda.

VIOLA: Pe buaswn i'n eich caru fel efô,

Â'r fath ddioddefaint a'r fath ingol serch,
Ni welwn synnwyr yn y gwrthod hwn
Na rheswm yn eich agwedd.

OLIVIA: Wel, beth 'wnait?

VIOLA: Gwnawn imi gaban helyg ger eich dôr,
A galw ar f'enaid oddi mewn i'r tŷ:
Gwnawn gerddi pur o'm gwrthodedig serch,
A'u canu ag uchel lef yn nyfnder nos:
Bloeddiwn eich enw i bob atseiniol fryn,
Nes gwneud i wrach yr awyr, daer ei chlep,
Weiddi 'Olivia'. O, ni chaech orffwys mwy,
Cyd-rhwng elfennau tir ac awyr, ddim,
Nes llwyr dosturio wrthyf.

OLIVIA: Mae'n bosibl, syr,
Y medrit ti wneud llawer. Beth yw d'ach?

VIOLA: Mae'n uwch na'm cyflwr hwn: ac eto i gyd
Rwy'n berffaith fodlon. Gŵr bonheddig wyf.

OLIVIA: Bellach, dos at dy feistr. Ni allaf byth
Ei garu, ysywaeth. Peidied yntau mwy
Â'th anfon ataf; ond croeso i ti dy hun
Ddod eto, os mynni, i ddwedyd im pa fodd
Y cymerth ef yr ateb. Nawr, ffarwél;
Fy niolch iti – a'r gydnabyddiaeth hon.

VIOLA: Na – nid gwas cyflog wyf; ni fynnaf ged.
I'm meistr, Madam, y dylech wneuthur iawn.
Boed gan y gŵr a gerwch galon faen,
A boed eich serch dan ddirmyg ddydd a nos,
Fel serch fy meistr. Ffarwél, greulon dlos.

[*Exit.*

OLIVIA: 'Beth yw dy ach?'
'Mae'n uwch na'm cyflwr hwn: ac eto i gyd
Rwy'n berffaith fodlon. Gŵr bonheddig wyf'.

Hawdd gweld mai e; cans mae dy iaith a'th drem,
Dy lun, d'ymddygiad oll, a'th ysbryd,
Yn profi pum-plyg fraint. Gan bwyll, gan bwyll:
Mae safle'r gwas a'r meistr o chwith. Ond na;
A gaiff yr haint fy nal mor hawdd â hyn?
Rwyf fel pe teimlwn ragoriaethau'r llanc
Yn dringo, yn anweledig fintai fud,
I mewn i'm llygaid. Wel, boed felly y bo.
P'le rwyt, Malvolio.

[*Enter* MALVOLIO.

MALVOLIO: Rwyf at eich galwad, Madam.

OLIVIA: Atolwg, rhed ar ôl y piwis lanc
Ddaeth yma oddi wrth y Cownt. Gadawodd im
Y fodrwy hon, ond, afraid dweud, nis mynnaf.
Dos â hi'n ôl i'r llanc. A gofyn iddo
Fynegi i'w Arglwydd, heb wenieithio dim,
Mai ofer yw ei ymgais. Ac os daw'r llanc
I'm gweld yfory, fe gaiff wybod pam.
Brysia, Malvolio.

MALVOLIO: O'r gorau, Madam.

[*Exit*.

OLIVIA: Y peth a wnaf, nis gwn. Mae arnaf ofn
I'r llygaid hyn wenieithio er brad i mi.
Dynghedfen, myn dy ffordd; mae d'allu'n fawr.
Yr hyn 'arfaethwyd fydd: boed felly'n awr.

[*Exit*.

ACT II

GOLYGFA I

[*Enter* ANTONIO *a* SEBASTIAN.]

ANTONIO: Onid arhosi'n hwy? Ac oni charit imi ddod gyda thi?

SEBASTIAN: Atolwg, na: ni chaet ond helbul yn fy nghwmni. Gallai mileindra fy nhynged andwyo'r eiddot ti, ac felly, o hyn allan, os cytuni, mi geisiaf gario fy maich fy hun. Truan o dâl am dy gymorth caredig fyddai bwrw rhan o'm helbul arnat ti.

ANTONIO: Ond o leiaf, dywed wrthyf i b'le'r ei.

SEBASTIAN: Na; gwell peidio. Nid oes i'm hymdaith unrhyw derfynedig bwrpas. Rwyt tithau mor ragorol ostyngedig – mi wn na cheisi lusgo'r gyfrinach o'm côl. Ac felly, o ran cwrteisi, fe ddylwn o leiaf egluro pwy ydwyf. Gwybydd gan hynny, Antonio, mai f'enw yw Sebastian, nid Roderigo. Fy nhad oedd y Sebastian hwnnw o Fesalina, y clywaist, mae'n ddiau, sôn amdano. Bu ef farw gan adael efeilliaid o'i ôl – fy chwaer a minnau. Fe'n ganed 'r un dydd; ac O na chawsem farw felly hefyd. Ond fe rwystraist hynny. Rhyw awr neu lai cyn i ti fy achub o'r môr, fe foddwyd fy chwaer.

ANTONIO: O ddiwrnod trist.

SEBASTIAN: Merch ieuanc, syr, yr hon – er ei bod (meddid) yn dra thebyg i mi – a ystyrid gan lawer yn brydferth; ac er na weddai i mi roi barn ar hynny, rwy'n mentro dweud bod ei natur yn gyfryw na allai Cenfigen ei hun lai na'i galw yn landeg. Fe'i boddwyd, syr, â dŵr heli; rwyf innau fel pe'n boddi ei choffadwriaeth ag ychwaneg.

ANTONIO: Eich pardwn, syr: rwy'n ddiddanydd mor wael.

SEBASTIAN: Antonio, dirion, maddau imi'r holl drafferth a gefaist.

ANTONIO: Os na ddymuni fy lladd am a wneuthum, caniatâ imi fod yn was i ti.

SEBASTIAN: Os na fynni dithau ddadwneuthur a wnaethost, a llofruddio'r hwn a waredaist, paid â gofyn y fath beth. Ffarwél ar unwaith. Mae fy mynwes yn llawn tynerwch, a chan fy mod eto'n gaeth i naturiaeth fy mam – pan ddaw'r esgus lleiaf heibio, mae fy llygaid yn siŵr o'm bradychu. Rwyf ar y ffordd i lys y Cownt Orsino. Felly, yn iach!

[*Exit.*

ANTONIO: A boed y duwiau oll yn dyner wrthyt.
Gelynion chwerw i mi yw pobl y Cownt;
Pe amgen, down ar f'union ar dy ôl.
Ond doed a ddêl – rwyt ti mor annwyl im,
Ni chaiff peryglon fy nychrynu ddim.

[*Exit.*

GOLYGFA II

[*Enter* VIOLA *a* MALVOLIO, *o wahanol gyfeiriadau.*]

MALVOLIO: Onid tydi oedd gyda'r Arglwyddes Olivia gynnau?

VIOLA: Ie, myfi: er cerdded yn weddol gyflym, hyd yma yn unig y cyrhaeddais.

MALVOLIO: Mae'n dychwelyd iti, syr, y fodrwy hon. Buasit wedi arbed trafferth i mi pes dygasit ymaith dy hunan. Ychwanega'r Arglwyddes y dylit ddarbwyllo d'Arglwydd, yn ddi-droi'n-ôl, na fyn hi ddim o'i ffafrau. Ac un peth arall – nid wyt i feiddio dyfod ati drachefn ar y neges hon, oddieithr i adrodd hanes dy feistr yn derbyn y fodrwy'n ôl. Hwde, cymer hi.

VIOLA: Derbyniodd d'Arglwyddes y fodrwy, ac ni chymeraf hi'n ôl.

MALVOLIO: Tyrd, syr, fe'i lluchiaist i'r Arglwyddes mewn drwg dymer. Myn hithau'i dychwelyd yr un modd. Dyna'r fodrwy ar lawr dan dy drwyn, os yw'n werth gwyro i'w chodi. Onid e, boed eiddo'r sawl a'i caffo.

[*Exit.*

VIOLA: Ni roddais fodrwy iddi. A beth yw hyn?
Tybed i'm hymddangosiad hwn ei swyno?
Na ato Ffawd! Ond craffodd arnaf, do:
Ac aeth ei llais i'w llygaid bron yn llwyr,
Nes gwneud i'w pharabl, rywfodd, hercio'n hurt.
Fe'm câr, heb os: gwahoddiad cyfrwys serch
Oedd anfoesgarwch y negesydd hwn.
Dychwelyd modrwy'r Cownt? Ni roes ef fodrwy!
Myfi yw'r dyn; os felly (ac felly y mae),
Druan ohoni – mae'n caru cysgod gwag.
Dwyllodrus wisg, rwy'n gweld mai aflwydd wyt,
A chyfrwng helynt cas yn nwyllo'r Fall.
Mor hawdd y selia glandeg dwyll ei ddelw
Ar galon feddal merch! Ond ofer sôn;
Ein gwendid ydyw'r achos, nid nyni:
Mae natur merch yn tarddu o'i deunydd hi.
O! ddryswch hurt! Mae'r Cownt yn caru Olivia;
Rwyf innau, druan, yn addoli'r Cownt;
A dyma Olivia yn dotio arnaf fi –
Trwy gamgymeriad. Beth a ddaw o hyn?
Yn ddyn, nid oes im obaith gyda'r Cownt;
Yn ferch, gwae fi, rwy'n gwneud ochneidiau dwys
Olivia amdanaf yn oferedd oll.

Mae datrys hyn yn dasg rhy drom i mi:
Amser, beth wnaf – ond gado'r gwaith i ti?

[*Exit.*

GOLYGFA III

[*Enter* SYR TOBI, *a* SYR ANDRW.]

SYR TOBI: Tyrd, Syr Andrw; mae bod ar dy draed wedi hanner nos yr un peth â chodi'n fore; a *diluculo surgere*, fel y gwyddost.

SYR ANDRW: Na'n wir, dwn i ddim: ond gwn fod cadw oriau hwyr y nos yr un peth â chodi'n hwyr y bore.

SYR TOBI: Casgliad anghywir, a diflas fel pot cwrw gwag. Bod i fyny hanner nos, a mynd i'r gwely wedyn – mae hynny'n gynnar; ac felly, mynd i'r gwely'n gynnar yw cadw oriau hwyr. Onid yw bywyd yn gynwysedig o'r pedair elfen?

SYR ANDRW: Wel, felly maen nhw'n dweud; ond i'm tyb i mae'n gynwysedig o fwyta ac yfed.

SYR TOBI: Rwyt ti'n 'sglaig: felly gad i ni fwyta ac yfed. Hei, Marian – dysglaid o win.

[*Enter* CLOWN.

SYR ANDRW: Ar f'engoch i, dyma'r ffŵl.

CLOWN: Sut hwyl, hogia? Ydach chi'n cofio'r hen bictiwr enwog hwnnw – 'Ni'n tri'?

SYR TOBI: Debyg iawn wir, a chroeso i'r asyn. Ond beth am ganu tôn gron?

SYR ANDRW: Mae gan y ffŵl 'sgyfaint campus, beth bynnag. Mi fasa'n well gen i na dwybunt pe bai gen i gystal coes a chystal llais canu ag ef. Yn wir, mi gest hwyl wrth lolian neithiwr am Bigrogromitus, ac am y Vapiaid yn croesi cyhydedd Cewbws: ar fy llw, roedd o'n dda. Gyrrais chwechyn iti, i'w roi i'th gariad; gest ti o?

CLOWN: Do, mi bocedais d'haelioni. Mae trwyn Malvolio mor denau, a llaw f'Arglwyddes mor wen.

SYR ANDRW: Go dda, go dda; a rŵan am gân.

SYR TOBI: Ie, tyrd: dyma chwechyn iti. Tyrd â chân.

SYR ANDRW: A chwechyn eto gen i. Os yw'r naill farchog yn rhoddi –

CLOWN: Ai cân serch a fynnwch, ynteu cân foesol?

SYR TOBI: Cân serch, cân serch.

SYR ANDRW: Cân serch, debyg iawn: beth wn i am foesoldeb?

CLOWN: [*yn canu*]

O 'ngeneth gain, b'le'r ei di'r awron?
O gwrando gri dy gariad ffyddlon,
  Sy'n dy ganmol fore a hwyr
Ar y daith, fy ngeneth dirion,
Mynnu cwrdd y mae cariadon:
  Pob llanc ifanc doeth a'i gŵyr.

SYR ANDRW: Ardderchog dda, ar fy ngwir.

SYR TOBI: Ie, go dda.

CLOWN: [*yn canu*]

Beth yw serch? Nid 'fory a thrennydd:
Heddiw'n unig mae llawenydd:
  Hynod gudd yw'r dydd sy'n dod.
O, fy ngeneth, paid ag oedi,
Tyrd â chusan mwynlan imi:
  Byr yw mebyd is y rhod.

SYR ANDRW: Llais melysber, ar fy llw fel marchog.

SYR TOBI: Ac anadl heintus.

SYR ANDRW: Melys iawn, a heintus yn wir.

SYR TOBI: O'i chlywed â'r trwyn, mae'n beraidd o heintus. Ond yn awr beth am gydganu nes gwneud i'r awyr grynu? Beth am ddeffro'r gwdihŵ efo tôn gron a dynnai dri enaid allan o'r un gwehydd?

SYR ANDRW: Ie, beth amdani? Rwy'n sgut am dôn gron.

CLOWN: Gwir, myn f'enaid i – sgut fel milgi.

SYR ANDRW: O'r gorau; beth am ganu *'Rhen gnaf*?

CLOWN: *Cau dy geg, 'rhen gnaf* farchog. Mae'n *rhaid* imi'ch galw'n gnaf yn honno, farchog.

SYR ANDRW: Wel, nid dyma'r tro cyntaf imi *orfodi* rhywun i'm galw'n gnaf. Tyrd ffŵl, cychwyn di.

CLOWN: Ond fedra i byth gychwyn os caeaf fy ngheg!

SYR ANDRW: Go dda! Tyrd, dechrau arni. (*Cenir tôn gron*).

'Cau dy geg, bendith iti, cau dy geg:
'Rhen gnaf, 'rhen gnaf, cau dy geg,
'Rhen gnaf.'

[*Enter* MARIA.

MARIA: Wel dyma sgrechian cathod. Wfft i chwi! Os na fydd f'Arglwyddes yn anfon ei stiward, Malvolio, i'ch troi allan o'r tŷ, mi synna' i'n arw.

SYR TOBI: Catheian yw f'Arglwyddes; hen gnafon ydym ni. Rhyw 'Beg-a-Ramse' yw Malvolio, a 'Thri bachgen llon ŷm ni'. Onid wyf fi'n berthynasol? Onid wyf o'r un gwaed â hi? Twt, twt! [*Yn canu*] 'Fe drigai gŵr ym Mabilon, Ladi, Ladi'.

CLOWN: Gafr a'm 'sgubo, un campus am lolian ydi'r marchog.

SYR ANDRW: Ia, mae'n burion os bydd hwyl go dda arno: a finna 'run fath. Fo ydi'r mwya swynol, ond fi ydi'r mwya naturiol.

SYR TOBI [*Yn canu*]: 'O, Rhagfyr y deuddegfed!'

MARIA: Y Nefoedd annwyl, tewch!

[*Enter* MALVOLIO.

MALVOLIO: Feistri, a ydych yn wallgof? Ynteu beth? Onid oes gennych na synnwyr, na moesau, na gweddeiddrwydd i'ch cadw rhag clebran yr adeg hon o'r nos? Ai tafarn fir yw tŷ f'Arglwyddes, a chwi'n gwichian eich cerddi cobler mor ddibaid ac mor ddifeddwl. Onid oes gennych barch i amser, na lle, na phersonau?

SYR TOBI: Yr oeddym yn parchu'r amser, syr, yn ein caneuon. Dos i'th grogi!

MALVOLIO: Syr Tobi, rhaid imi siarad yn blaen â chwi. Mae f'Arglwyddes yn erchi imi ddweud ei bod yn fodlon i'ch lletya fel ei hewyrth, ond mae'n anghydweld â'ch campau di-reol. Os medrwch ymwadu â'ch drwg-arferion, mae ichwi groeso yn ei thŷ: onid e, os hoffech ymadael, mae'n barod iawn i ffarwelio â chwi.

SYR TOBI: 'Ffarwél, ferch lân, os rhaid yw cilio draw'.

MARIA: Ara' deg, Syr Tobi.

CLOWN: 'Mae'i drem yn drist, ac wele'r bedd gerllaw'.

MALVOLIO: O, ai felly?

SYR TOBI: 'Ond byth ni threngaf fi'.

CLOWN: 'O gwnei, mae'n siŵr gen i'.

MALVOLIO: Wfft i'ch crygleisio mawr!

SYR TOBI: 'A baraf iddo fynd'?

CLOWN: 'Ie, beth amdani'n awr'?

MALVOLIO: 'A baraf iddo fynd heb oedi'?

CLOWN: 'O na, na, na, 'rhen ffrind, ni feiddi'.

SYR TOBI: Allan o diwn, syr? Celwydd. Wyt ti'n rhywbeth mwy na stiward? Wyt ti'n meddwl, am dy fod ti'n fucheddol, na cheir na theisen na chwrw byth mwy?

CLOWN: Wel ceir, myn f'enaid i, a bydd sinsir am byth yn boeth yn y geg!

SYR TOBI: Rwyt yn dweud y gwir. Ymaith ddyn, i rwbio dy gadwyn aur efo briwsion. Dysglaid o win, Maria!

MALVOLIO: Meistres Maria, pe baech yn parchu dymuniad f'Arglwydd yn hytrach na'i wawdio, nid estynnech foddion cyfeddach i'r rhain. Rhof wybod iddi, myn fy llaw, am hyn oll.

[*Exit*.

MARIA: Twt, dos i 'sgytian dy glustia.

SYR ANDRW: Cystal gwaith ag yfed i dorri newyn, fyddai

slensio'r gwalch i groesi cleddyfau, ac yna'i siomi, a gwneud ffŵl ohono.

SYR TOBI: Gwna hynny, farchog. Mi sgrifennaf y sialens drosot, neu'i chyflwyno iddo ar dafod leferydd.

MARIA: Syr Tobi bach, amynedd am heno. Ers pan fu'r dyn ieuanc, negesydd y Cownt, gyda hi heddiw, mae f'Arglwyddes yn bur anniddig. Am Monsieur Malvolio, gedwch rhyngof fi a hwnnw. Os na fedraf chwarae'r ffon ddwybig ag o, a gwneud cyff gwawd cyffredinol ohono, rwy'n amddifad o'r ddawn i orwedd yn syth yn fy ngwely. Mi wn y llwyddaf.

SYR TOBI: Eglurwch, eglurwch; dowch â'r manylion.

MARIA: Wel, syr, mae o'n fath o Biwritan ambell dro.

SYR ANDRW: O, pe gwyddwn i hynny, fe'i curwn o fel curo ci.

SYR TOBI: Beth? Am fod yn Biwritan? Dy gynilgain resymau, fwyn farchog?

SYR ANDRW: Does gen i 'run rheswm cynilgain, ond mae gen i reswm digonol.

MARIA: Tydi o na Phiwritan na dim arall yn gyson; un oriog ydi o; asyn cysetlyd, sy'n dysgu ymadroddion mawreddog ar ei gof, ac yn eu traethu'n waneifiau bras. Mae ganddo feddwl dirfawr ohono'i hun; mae'n tybio'i fod yn orlawn o ragoriaethau, a bod pawb o'r herwydd yn ei garu. Ac ar y gwendid hwn y manteisiaf, er mwyn cael dial arno'n gampus.

SYR TOBI: Beth wnei di?

MARIA: Mi ollyngaf ar ei lwybr lythyrau caru lled-amwys yn cyfeirio mor serchog at liw ei farf, ffurf ei goes, dull ei gerdded, a'i drem, a'i dalcen, a lliw ei groen – nes peri iddo gredu'n siŵr mai ef yw'r gŵr a ganmolir. Medraf sgrifennu'n dra thebyg i'm Harglwyddes, eich nith – mor debyg, yn wir, na fedrai 'run dewin ddweud y gwahaniaeth.

SYR TOBI: Rwy'n synhwyro'r cynllwyn o bell.

SYR ANDRW: Rydw inna'n clywed yr ogla'r funud 'ma.

SYR TOBI: Mae *o*'n siŵr o feddwl bod y llythyrau'n dyfod o law fy nith, a'i bod mewn cariad ag o!

MARIA: Dyna fy syniad. Dyna liw'r ceffyl.

SYR ANDRW: Bydd eich ceffyl chwi yn gwneud asyn ohono fo.

MARIA: Asyn, heb os, syr.

SYR ANDRW: Wel O, mi gawn sbort!

MARIA: Sbort reiol, cewch weled. Mae'r ffisig yn siŵr o weithio. Cewch chi'ch dau, a'r Clown yn drydydd, ymguddio gyferbyn â'r lle y bydd y llythyr; a sylwch ar ei ddehongliad ohono. Ond yn awr, i'ch gwlâu, a breuddwydio am yr hwyl. Ffarwél.

[*Exit.*

SYR TOBI: Nos dawch, Penthesilea.

SYR ANDRW: Ar fy llw, mae'n llances dda.

SYR TOBI: Mae'n filiast o frid, ac yn dotio arnaf fi – cofia hynny.

SYR ANDRW: Bu rhywun yn dotio arnaf inna, erstalwm.

SYR TOBI: Tyrd i'r gwely, farchog. Mae'n *rhaid* iti yrru am chwaneg o arian.

SYR ANDRW: Os na fedra i fachu eich nith, mi fydd yn ddigon main arna i.

SYR TOBI: Anfon am arian, farchog: os na chei di hi o'r diwedd, galw fi'n benbwl.

SYR ANDRW: Mi wnaf, yn siŵr ichi – digiwch chi neu beidio.

SYR TOBI: Tyrd, tyrd: awn i ferwi gwin; mae'n rhy hwyr i fynd i'r gwely: tyrd farchog, tyrd farchog.

[*Exeunt.*

GOLYGFA IV

[*Enter* DUG, VIOLA, CWRIO *ac eraill.*]

DUG: O rhowch im fiwsig. Bore da, bob un.
Cesario fwyn, beth am y dernyn cân –
Y drist hynafol gân a glywsom ddoe?
Roedd honno yn lleddfu mwy ar gur fy serch
Na'r cerddi arwynebol, coeth eu hiaith,
Sy'n boddio'r cyfnod gwyllt, penchwiban hwn.
Un pennill bach!

CWRIO: Os gwelwch yn dda, syr – nid yw'r sawl a ganai'r geiriau ar gael.

DUG: Pwy ydoedd?

CWRIO: Ffeste, syr – Ffeste'r digrifddyn: ffŵl a hoffid yn fawr gan dad yr Arglwyddes Olivia. Mae o yma yn rhywle.

DUG: Chwiliwch amdano, ond dowch â'r alaw'n awr.

[*Exit* CWRIO. *Miwsig.*

Ŵr ieuanc, clyw; os delir di rhyw dro
Gan serch a'i felys boen – wel, cofia fi.
Mae pob gwir garwr yn gyffelyb im –
Yn oriog, ansafadwy ym mhob rhyw fodd
Ac eithrio'i ymgysegriad llwyr i'r gwrthrych
Sy'n hawlio'i serch. A hoffi yr alaw hon?

VIOLA: Mae'n deffro adlais ym mhob calon drist
Sy'n orsedd Cariad.

DUG: Rhoddaist ateb da.
Rwyt tithau, ond odid, er mor ieuanc wyt,
Yn dotio ar lun a golwg rhywun hoff –
Yn rhywle?

VIOLA: Ar ryw olwg, ydwyf, syr?

DUG: Pa fath fun ydyw?

VIOLA: Tebyg, syr, i chwi.

DUG: Os felly, nid yw'n ddigon da. A'i hoed?

VIOLA: Tua'r un oed â chwi, syr.

DUG: Rhy hen, rhy hen. Mae'n well i'r ferch bob tro
Gael cymar hŷn na hi. Caiff felly fyw
Yn fythol ddiogel yn serchiadau'i gŵr.
Oherwydd, fachgen hoff – y gwir yw hyn –
Mae cariad mab yn llawer iawn mwy brau,
Mwy llac, mwy ansafadwy a dibarhad
Na chariad merch.

VIOLA: O, syr, gwir iawn, mi wn.

DUG: Ac felly, boed dy wraig yn iau na thi,
Rhag i'th serchiadau ballu a syrthio'n ôl.
Mae gwragedd fel rhosynnau: pan ddêl awr
Eu tegwch cyflawn – maent yn syrthio i lawr.

VIOLA: Ie, f'Arglwydd, dyna'u tynged, Duw a ŵyr:
Cyrraedd perffeithrwydd – yna gwywo'n llwyr.

[*Enter* CWRIO *a'r* CLOWN.

DUG: O, gyfaill, tyrd â'r gân a gawsom ddoe;
Hen gân yw hon, Cesario – un seml a phlaen:
Bydd merched yn ei chanu wrth nyddu ynghyd
Dan wenau'r haul. Rhyw gainc werinol, ddwys,
Yn delio'n drist â diniweidrwydd serch,
Fel cerddi'r dyddiau gynt.

CLOWN: Ei chanu, syr?

DUG: Os gweli'n dda.

[*Miwsig. Y Gân.*]

CLOWN: Tyrd yn hy, Angau du, rhed;
Dan y drist ywen doder fi'n awr:
Tithau fry, anal gu, hed;
Oer fy nghwyn am Wen fwyn, deg ei gwawr.
Ti amdo gwyn, chwi ddail yr yw,
Clywch, rwy'n galw:

Yn awr daeth tro cariadlanc triw
    I farw.

Blodau glân, blodau glân glwys –
Ar fy nu feddrod na ddoder ddim:
Ffrindiau prudd, pan ddaw'r dydd dwys,
Gedwch lwyr, gedwch lwyr lonydd im.
I arbed myrdd och'neidiau chwith,
    Boed imi fedd,
Lle ni chlywaf gŵynion cariad byth –
    O'm hir hedd!

DUG: Hynyma am dy boen.

CLOWN: Na, syr, nid poen. Mae canu'n bleser i mi.

DUG: Dyma dâl am dy bleser ynteu.

CLOWN: Dyna fo, syr; daw tâl am bob pleser yn hwyr neu'n hwyrach.

DUG: Weithion, caniatâ imi d'adael.

CLOWN: Weithion, duw'r felan a'th gadwo; a gwnaed y teiliwr dy ddwbled o sidan symudliw, gan mor debyg i'r opal yw dy fryd. Fe ddylai gwŷr sefydlog 'fynd i'r môr', lle bo'u busnes ym mhopeth, a'u bwriad ym mhobman: dyna'r unig ffordd i wneud mordaith dda o ddim byd. Ffarwél.

[*Exit.*

DUG: Ewch chwithau bawb.

[*Exeunt* CWRIO *a'r* GWEISION.

DUG: Eto, un waith, Cesario.
Dos at y rhiain greulon-brydferth draw,
Dywed na ddyd fy serch fawr iawn o bwys
Ar diroedd breision brwnt, yn null y byd.
Am yr holl gyfoeth a roes Ffawd i'w meddiant –
Ni phoenaf, mwy na Ffawd ei hun, dwed wrthi.

Ei gwyrthiol degwch – anrheg Natur wiw –
Dyna sy'n llwyr wirioni f'enaid i.
VIOLA: Ond os na fedr eich caru, syr?
DUG: Ni thâl y fath atebiad.
VIOLA: Syr, mae'n rhaid.
Pe rhôn fod merch yn awr (Pwy ŵyr nad oes?)
Mewn cymaint gwewyr cariad atoch chwi
Ag ydych chwithau at Olivia deg –
Nis carech ddim, a dwedech hynny wrthi:
Oni fai'n rhaid i'r eneth dewi â sôn?
DUG: Ni ddichon mynwes gwraig
Byth ddal pangfeydd y fath dymhestlog nwyd
Â serch fy mynwes i. Rhy fawr yw hwn
I galon merch – rhy fawr ei nerthol ymchwydd:
Cans, gwaetha'r modd, nid grym eneidiol, dwys,
Yw cariad gwragedd, namyn blys ac archwaeth –
Sy'n troi, cyn hir, yn syrffed ac yn fwrn.
Ond dwfn anniwall wanc yw'r cariad mau,
A'i dreuliad mor ddi-ball ag eiddo'r môr.
Pe rhôn fod merch a'm câr, ni all byth gyrraedd
Fy serch hwn at Olivia.
VIOLA: Un peth a wn –
DUG: A beth yw hwnnw?
VIOLA: Ddyfned yw cariad ambell ferch at ddyn!
Gall gwragedd fod mor serchog bur â ninnau.
Roedd merch i'm tad un tro yn caru llanc,
Fel petawn i, dyweder, pe bawn ferch,
Mewn cariad â chwychwi –
DUG: Pa lwyddiant gafodd?
VIOLA: Dim, f'Arglwydd. Dewisodd guddio'i serch,
A gado i'r boen ymborthi ar goch ei grudd,
Fel pry'n y rhosyn, a dihoeni o siom.

Eisteddai'n fud, a phruddglwyf yn ei gwedd,
'Run ffunud ag Amynedd ar gofgolofn,
Yn gwenu ar Ing. Ai cariad ffug oedd hwn?
Hawdd i ni'r dynion sôn am faint ein serch:
Mae geiriau'n rhad. Ein hanes ni o hyd
Yw addunedu'n hael, a dyna i gyd!

DUG: A fu i'th chwaer, ŵr ieuanc, farw o serch?

VIOLA: Holl ferched tŷ fy nhad yn awr wyf *fi*.
Mi hefyd yw'r holl frodyr; eto, nid wy'n siŵr.
Ond beth yw'r neges, syr?

DUG: Ie, dyna'r pwnc!
Dos eto, ar frys; cyflwyna'r anrheg hon
I'r lân Olivia: a chais well ateb im.
Nid yw nacâd, dwed wrthi, yn tycio dim.

[*Exeunt*.

GOLYGFA V

[*Enter* SYR TOBI, SYR ANDRW *a* FFABIAN.]

SYR TOBI: Tyrd, brysia, Signior Ffabian.

FFABIAN: Yn wir, mi ddof. Cewch fy merwi i farwolaeth â'r felan os collaf y mymryn lleiaf o'r hwyl hwn.

SYR TOBI: Rwy'n siŵr yr hoffit weld y corgi brathog crintachlyd yn syrthio i waradwydd digamsyniol.

FFABIAN: Ddyn bach, mi orfoleddwn. Gwyddoch fel y gwnaeth ddrwg rhwng yr Arglwyddes a minnau o achos baetio'r arth dro'n ôl.

SYR TOBI: Rhaid cyrchu'r arth drachefn, i ennyn ei lid; ac fe wnawn ffŵl diymadferth ohono. Beth wyt *ti*'n ddweud, Syr Andrw?

SYR ANDRW: Mi fydda'n resyn inni beidio.

[*Enter* MARIA.

SYR TOBI: Dyma'r fowrddrwg fach yn dŵad. Sut hwyl, fy nghalon aur i?

MARIA: Ymguddiwch yn y llwyn bocs yna, ill tri. Brysiwch. Mae Malvolio'n dŵad i lawr y llwybr. Bu'n ceisio cydymddŵyn â'i gysgod ei hun am gryn hanner awr yn yr haul. Er mwyn popeth, cadwch lygad arno fo, a chewch weld y llythyr hwn yn gwneud ynfytyn myfyriol ohono. Yn enw pob 'smaldod, swatiwch i gyd. Gorwedd dithau, lythyr, yn y fan yna. Dyma fo'n dŵad, y brithyll a ddelir trwy'i gosi.

[*Exit.*

[*Enter* MALVOLIO.

MAVOLIO: Nid yw'n ddim ond ffawd: cans ffawd yw popeth. Dwedodd Maria wrthyf unwaith fod f'Arglwyddes yn teimlo'n gynnes tuag ataf. Yn wir, fe'i clywais â'm clustiau fy hun yn awgrymu, pe carai ddyn o gwbl, mai un tebyg i mi a fyddai. At hynny, mae hi'n fwy parchus ohonof fi nag o neb arall o'i chwmpas. Pa gasgliad a dynnaf oddi wrth hyn oll?

SYR TOBI: Y cnaf hunanol ganddo!

FFABIAN: Ond ust! Mae'i ddychymyg yn gwneud ceiliog twrci campus ohono. Mae'r strytian o gwmpas a'i blu yn y gwynt!

SYR ANDRW: Diaist i, mi leiciwn ei bastynu.

SYR TOBI: Ust! Gwrandwch.

MALVOLIO: Cael fy ngalw'n 'Cownt Malvolio'.

SYR TOBI: O! Y cnaf!

SYR ANDRW: Saethwch o, saethwch o!

SYR TOBI: Ust, ust!

MALVOLIO: Mae'r peth wedi digwydd cyn heddiw. Fe briododd yr Arglwyddes Strachey geidwad y wardrob.

SYR ANDRW: Ffei ohono fo, Jesebel!

FFABIAN: Tewch rŵan; mae o dros 'i ben a'i glustia'. Drychwch fel mae'i ddychymyg yn ei chwyddo.

MALVOLIO: Dri mis ar ôl ei phriodi, yn eistedd mewn awdurdod.

SYR TOBI: O, am garreg i'w daro'n ei lygad!

MALVOLIO: Yn galw'r swyddogion o'm hamgylch, a'm gown felfed frodiog amdanaf: newydd ddod o'm prynhawnol wely, lle gadewais Olivia'n cysgu.

SYR TOBI: Tân a brwmstan!

FFABIAN: Ond ust, ust, ust!

MALVOLIO: Wedyn, arddangos ysbryd addas i'm safle; ac wedi bwrw golwg dros y cwbl, a dweud fy mod yn gwybod fy lle, a gobeithio eu bod hwythau'r un modd – yna holi am f'ewythr Tobi –

SYR TOBI: Seirff a bwystfilod!

FFABIAN: O rŵan, rŵan, distawrwydd!

MALVOLIO: Saith o'm pobl, mewn ebrwydd ufudd-dod, yn rhuthro i'w nôl; minnau, yn y cyfamser, yn cuchio, ac efallai'n weindio fy wats, neu yn chwarae â'm – rhyw ddiemwnt drud. Mae Tobi yn dod i mewn; mae'n ymostwng ger fy mron –

SYR TOBI: Ydi hwn i gael byw?

FFABIAN: Mae'n dreth ar ein 'mynedd – ond eto byddwn ddistaw!

MAVOLIO: Estynnaf fy llaw iddo, fel hyn, gan ddiffodd fy ngwên gyfeillgar â threm awdurdodol.

SYR TOBI: A Thobi, gobeithio, yn rhoi'i ddwrn yn dy geg di!

MALVOLIO: A dweud: 'F'ewythr Tobi – gan i ffawd dda fy mwrw ar dy nith, mae'r hawl a'r rhagoriaeth gennyf i siarad fel hyn'.

SYR TOBI: Beth, beth?

MALVOLIO: 'Rhaid iti ffrwyno dy feddwdod –'

SYR TOBI: Aros di'r drewgi.

FFABIAN: Amynedd, amynedd! Rhag torri asgwrn cefn y cynllun!

MALVOLIO: 'Rwyt hefyd yn gwastraffu d'amser gwerthfawr yng nghwmni ffŵl o farchog –'

SYR ANDRW: Fi ydi hwnnw, mi wranta'.

MALVOLIO: 'Un, Syr Andrw –'

SYR ANDRW: Rown i'n meddwl mai e. Mae llawer yn fy ngalw'n ffŵl.

MALVOLIO: Pa beth sy'n gorwedd yma?

FFABIAN: Mae'r cyffylog o'r diwedd yn ymyl y trap.

SYR TOBI: Gosteg, rŵan, a boed i ysbryd donioldeb ei gymell i ddarllen yn uchel.

MALVOLIO: Myn f'einioes, dyma law f'Arglwyddes. Dyma'n union ei ffordd o sgrifennu'r 'C' a'r 'W' a'r 'T', a dyma'r 'CH' fawr i drwch y blewyn. Yn bendifaddau dyma'i sgrifen hi.

SYR ANDRW: Yr 'C' a'r 'W' a'r 'T': pam hynny?

MALVOLIO [*Yn darllen*]: 'I'r anhysbys anwylyd, hyn, a'm dymuniadau da': ei harddull hi i'r dim. Gyda'th gennad, gŵyr. Arhoswch chi, a dyma ddelw Lwcresia y mae hi'n arfer selio ag ef. Ie, llythyr f'Arglwyddes ydyw: ac wedi'i gyfeirio i bwy?

FFABIAN: Dyma fo wedi'i ddal – yn ei grynswth!

MALVOLIO [*Yn darllen*]: 'Caraf rywun, Duw a ŵyr.

Ond O! Ond O!
Fy ngwefusau – peidiwch byth
Â'i enwi o.'

'Peidiwch â'i enwi o'. Beth sy'n dilyn? Newid y mesur. 'Ei enwi o'. Wel, pwy ydyw O? Onid tydi, Malvolio?

SYR TOBI: Dos i 'mgrogi, y brochyn!

MALVOLIO [*Yn darllen*]: 'Os wyf yn gorchymyn lle'r ydwyf yn caru,
Distawrwydd, fel cyllell Lwcresia, er hynny,
Ag ergyd ddi-waed sy'n trywanu fy nwyfron,
Cans M.O.A.I. yw Arglwydd fy nghalon'.

FFABIAN: Rhigwm gwyntog.

SYR TOBI: Gwaith llances ardderchog, meddaf innau.

MALVOLIO: 'M.O.A.I. ydyw Arglwydd fy nghalon'.
Ie, ond eto, rhowch im weld, rhowch im weld.

FFABIAN: Pa ddysglaid o wenwyn a goginiodd hi iddo?

SYR TOBI: Ac mor chwannog yw'r gwalch i gythru ato!

MALVOLIO: 'Gorchymyn lle'r ydwyf yn caru'. Ydyw, mae hi'n gorchymyn i mi. Rwy'n was iddi. Hi yw f'Arglwyddes. Wel, mae hwnyna'n glir i bob dealltwriaeth resymol. Does dim anhawster yn hyn. A'r diwedd – beth yw arwyddocâd y llythrennau 'ma? Pe medrwn weld ynddynt rywbeth tebyg i mi. 'Rhoswch chi – M.O.A.I.

SYR TOBI: O ia, dygna arni! Mae o ar goll rŵan.

FFABIAN: Mae'r cenau cyffrous yn siŵr o'r trywydd er gwaetha'r ogla drwg.

MALVOLIO: M – Malvolio; M: dyna lythyren gynta f'enw.

FFABIAN: Beth ddwedais i wrthych? Mae'r snech yn siŵr o'i betha'.

MALVOLIO: M: ond dyna – does dim cysondeb yn y gweddill. Nid yw'n dal y praw. 'A' ddylai ddod nesaf, ond 'O' sy'n dilyn.

FFABIAN: Ac 'Oh!' fydd y diwedd, gobeithio.

SYR TOBI: Ie, wedi imi roi pastwn ar 'i gefn o.

MALVOLIO: Ac wedyn daw 'I' y tu ôl.

FFABIAN: Ia, tasa gen ti lygad tu ôl, fe welit fwy o 'wawd' wrth dy sodlau nag o 'ffawd' o'th flaen.

MALVOLIO: M.O.A.I. Nid yw'r broblem cyn hawdded â'r llall; ond eto, gydag ychydig straen, fe ddygymydd â mi: mae f'enw'n cynnwys pob un o'r llythrennau. 'Rhoswch chi, dyma ryddiaith yn awr. [*Mae'n darllen.*]

'Os daw hwn i'th law, ystyria. Trefnodd tynged imi fod yn uwch na thi: ond paid ag ofni mawredd. Mae rhai a enir yn fawr, mae rhai sy'n dringo i fawredd; ac eraill drachefn y gwthir mawredd arnynt. Mae Llwyddiant yn agor ei dwylaw o'th flaen: boed i'th gorff a'th enaid ei chofleidio; ac er mwyn ymarfer â'r mawredd sy'n d'aros – bwrw ymaith dy wylder, a bydd bwysig. Bydd gyndyn wrth gâr, bydd guchiog wrth weision; traetha'n hallt ar bynciau mawr; meithrin arbenigrwydd mewn dull ac ymwareddiad. Fel hyn y mae'r hon sy'n ocheneidio amdanat yn dy gyfarwyddo. Cofia pwy fu'n canmol dy sanau melyn, ac a ddymunai dy weld bob amser yn groes-ardyrsog. Cofia, meddaf eto. Mae dyfodol disglair o'th flaen, os mynni: onid e, gad im dy weled yn stiward am byth, yn gymar gweision, ac yn annheilwng i gyffwrdd bysedd Ffortiwn. Ffarwél. Hyn oddi wrth ferch a garai newid dyletswydd â thi.

Y ffodus-Anhapus'.

Mae'r peth yn glir fel haul canol dydd. Mae'n berffaith ddi-amwys. Am hynny byddaf ffroenfalch; darllenaf lyfrau'r gwleidyddion; gwaradwyddaf Syr Tobi; ymgroesaf rhag cyfeillachu â thaeogion; ac ymwisgaf yn ôl y portread a roed im. Nid fy nhwyllo fy hun – nid coledd dychmygion yr wyf. Mae pob ymresymu yn arwain at hyn – bod f'Arglwyddes yn fy ngharu. Canmolodd fy sanau melyn dro'n ôl, ac edmygai'r croes-ardyrsau ar fy nghoes. Mae hyn yn amlygiad o'i diddordeb ynof, ac megis yn orchymyn imi wisgo'r dillad sy'n ei boddio. Diolch fyth, rwy'n hapus. Byddaf ffroenfalch a thawedog; a gwisgaf sanau melyn a gardyrsau croes, heb oedi munud awr. Rwy'n diolch i'r Nefoedd. Dyma ôl-nodiad eto:

Ni elli lai na gwybod pwy wyf. Os croesewi fy serch, dangos hynny trwy wenu; mae gwên yn gweddu'n dda iti; ac felly, yn fy mhresenoldeb i, atolwg, f'anwylyd, gwena yn ddibaid.

Diolch fyth, mi wenaf; gwnaf bopeth a ddymuni.

[*Exit.*

FFABIAN: Ni werthwn fy nghyfran o'r miri hwn am bensiwn o filoedd o bunnau gan y Shah.

SYR TOBI: Medrwn briodi'r llances Maria am ddyfais mor wych.

SYR ANDRW: A finna'r un fath!

SYR TOBI: Heb ddisgwyl unrhyw waddol gyda hi, ond tric arall o'r un lliw.

SYR ANDRW: A finna'r un fath!

FFABIAN: Dyma hi'n dŵad – y tynnwr coes dihefelydd.

SYR TOBI: Gwna fi'n droedfainc i'th draed, os mynni.

SYR ANDRW: A finna'r un fath!

SYR TOBI: Rwy'n barod i wystlo fy rhyddid i gyd, er mwyn bod yn gaethwas i ti.

SYR ANDRW: A finna hefyd!

SYR TOBI: Fe wnaethost y fath freuddwydiwr penchwiban ohono – fe gyll ei synhwyrau pan ddeffry.

MARIA: Ond, deudwch y gwir – ydi'r tric yn gweithio?

SYR TOBI: Fel *aqua-vitae* gyda bydwraig.

MARIA: Os mynnwch chwithau gael golwg ar ffrwyth y chwarae, gwyliwch ei ddyfodiad cyntaf gerbron f'Arglwyddes. Fe ddaw ati mewn sanau melyn – ac mae'r lliw yn gas gan ei henaid. Fe ddaw ati a'i ardyrsau'n groes – mae hithau'n ffieiddio'r fath ddull. Fe ddaw ati dan wenu – a chan ei bod hithau mor ddigalon y dyddiau hyn, mae'r syniad yn berffaith anghyfaddas; ac ni all lai nag arwain y creadur i warth difrifol. Os carech weld yr helynt – dowch, dilynwch fi!

SYR TOBI: At byrth uffern – ardderchog ddiafol direidi!

SYR ANDRW: A finna hefyd!

[*Exeunt.*

ACT III

GOLYGFA I

[*Enter* VIOLA *a'r* CLOWN.]

VIOLA: A'th helpo, gyfaill; ti a'th fiwsig! Ai ar dy dabwrdd yr wyt yn byw?

CLOWN: Nage, syr: rwy'n byw ar bwys yr eglwys.

VIOLA: Ai gŵr eglwysig ydwyt?

CLOWN: Dim o'r fath beth, syr. Rwy'n byw ar bwys yr eglwys, am fy mod yn byw yn fy nhŷ, ac mae'r tŷ yn ymyl yr eglwys.

VIOLA: Ac felly, gallit ddweud fod y brenin yn byw ar bwys beger, os oes beger yn byw yn ei ymyl: neu fod yr eglwys yn sefyll ar bwys dy dabwrdd, os saif dy dabwrdd yn ymyl yr eglwys.

CLOWN: Debyg iawn, syr! Dyna oes yw hon! Yn nwylo gŵr ffraeth mae geiriau fel menig. Mor hawdd yw eu troi tu chwith allan!

VIOLA: Digon gwir. Gall unrhyw un a chwaraeo'n gyfrwys â geiriau, eu troi'n anghyfrifol yn hawdd.

CLOWN: Buasai'n dda gennyf, felly, pe na roesid enw i'm chwaer.

VIOLA: Pam, ddyn?

CLOWN: Wel, syr, mae'i henw yn air – a gallai chwarae â'r gair wneud fy chwaer yn anghyfrifol. Ond yn wir, hen gnafon yw geiriau, wedi'r llyffetheirio fu arnynt yn ddiweddar.

VIOLA: A'th reswm, ddyn?

CLOWN: O, ni allaf ateb heb eiriau: a chan fod geiriau mor ffals, 'waeth heb eu defnyddio i resymu.

VIOLA: Dyn doniol wyt ti, mi wrantaf, a dyn nad yw'n malio am ddim byd.

CLOWN: Nage, syr: *rwyf* yn malio am rywbeth; ond ar fy ngwir, syr, nid wy'n malio amdanoch chwi. Os malio am ddim byd yw hynny, syr – gresyn na'ch gwnâi'n anweledig.

VIOLA: Onid ffŵl yr Arglwyddes Olivia wyt ti?

CLOWN: O na! syr; does dim ffolineb yn agos iddi hi. Ar ôl priodi y bydd hi'n cadw ffŵl. Mae ffyliaid a gwŷr priod fel mecryll a phenwaig, yn debyg iawn i'w gilydd. Y gŵr yw'r ffŵl mwyaf; ond, a dweud y gwir – nid ei ffŵl ydwyf, ond ei llygrydd geiriau.

VIOLA: Fe'th welais yn nhŷ'r Cownt Orsino dro'n ôl.

CLOWN: Do siŵr; mae ffoledd, syr, fel yr haul – yn teithio o gwmpas y byd: mae'n t'wnnu ym mhobman. Byddai'n ddrwg gennyf feddwl na châi'r ffŵl fod gyda'ch meistr cyn amled â chyda'm meistres. Rwy'n tybio imi weld eich doethineb yno.

VIOLA: O, rwyt yn cellwair ar fy nghost i yn awr, ac ni fynnaf ragor o'th gwmni. Ond hwde – dy gil-dwrn.

CLOWN: A-ha! Boed i'r duwiau, gyda'r cargo nesaf o flew dy gynysgaeddu â barf.

VIOLA: Cred fi, rwyf bron â chlafychu o eisiau barf [*O'r neilltu*]; ond ni charwn i'r farf dyfu ar fy ngên fy hun. A yw'r Arglwyddes i mewn?

CLOWN: Ydyw, mae f'Arglwyddes i mewn, syr: mi egluraf iddi o b'le y dôi. Mae pwy wyt a beth yw dy neges tu hwnt i'm gweithrediadau. Gallwn ddweud 'tu hwnt i'm diddordebau' – ond aeth y gair yn rhy sathredig erbyn hyn.

[*Exit.*

VIOLA: Mae hwn yn ddigon doeth i chwarae'r ffŵl;
Nis gallai, chwaith, heb feddu ar grebwyll craff
I sylwi ar foddau'r bobl a wna'n gyff gwawd,
A sylwi ar naws personau, ac ar y tymp,
Ac, megis gwalch, ymosod ar bob edn

A ddelo i'w gyrraedd. Ac mae'r gorchwyl hwnnw
Mor anodd ag yw chwarae rhan gŵr doeth.
Mae smaldod ffŵl meddylgar weithiau'n wych,
A smaldod dynion doeth yn ffwlbri sych.

[*Enter* SYR TOBI *a* SYR ANDRW.

SYR TOBI: Nawdd y Nef, fonheddwr.

VIOLA: Ac i chwithau, syr.

SYR ANDRW: *Dieu vous garde, Monsieur.*

VIOLA: *Et vous aussi, votre serviteur.*

SYR ANDRW: Ie, gobeithio, syr; a minnau'n eiddoch chwi.

SYR TOBI: Beth am gyrchu'r tŷ? Dymuna fy nith eich mynediad i mewn, os gyda hi y mae'ch busnes.

VIOLA: At eich nith yr hwyliaf, syr; hynny yw – hi ydyw diben fy siwrnai.

SYR TOBI: Profwch eich coesau, syr. Gwnewch iddynt symud.

VIOLA: Mae gwell dealltwriaeth rhwng fy nghoesau a minnau, syr, nag sydd rhyngof a'ch gorchymyn imi brofi 'nghoesau.

SYR TOBI: Fy meddwl yw – cerddwch, ewch i mewn.

VIOLA: Atebaf innau trwy gerddediad a mynediad; ond ust, achubwyd y blaen arnom.

[*Enter* OLIVIA *a* MARIA.

Ardderchocaf ddawnusaf Arglwyddes, glawied y nefoedd beraroglau am eich pen!

SYR ANDRW: Mae'r llanc yn ŵr llys heb ei fath. 'Glawio peraroglau' – dyna dda!

VIOLA: Ni fedd fy neges lais, Arglwyddes, namyn i'ch clust ewyllysgar a gwrandawgar chwi eich hunan.

SYR ANDRW: 'Per-aroglau', 'ewyllysgar' a 'gwrandawgar'. Mi gofiaf y tri, a'u cadw'n barod.

OLIVIA: Caewch ddrws yr ardd, a gadewch i mi gael gwrando.

[*Exeunt* SYR TOBI, SYR ANDRW *a* MARIA.

Rho im dy law.

VIOLA: Eich gostyngedig was'naethwr, Madam.
OLIVIA: Beth yw dy enw?
VIOLA: Cesario, unbennes deg, yw enw eich gwas.
OLIVIA: Fy ngwas *i*, syr? Truan o fyd yw hwn,
    Pan glywer galw ffug-wyleidd-dra'n barch!
    Onid i'r Cownt Orsino yr wyt yn was?
VIOLA: Mae ef a'r cwbl sydd eiddo yn eiddoch chwi:
    Mae gwas eich gwas yn was i chwithau, Madam.
OLIVIA: Nid wyf fi'n meddwl dim amdano ef:
    Ac na roed yntau'i feddwl arnaf fi.
VIOLA: Madam, mi garwn fedru deffro eich serch
    Tuag at y Cownt.
OLIVIA: Atolwg, erchais iti
    Na ddwedit hanner gair amdano mwy.
    Ond, ped ymgym'rit ti ag arall gais –
    Melysach fyddai'r ymbil hwnnw i'm clyw
    Na miwsig y planedau!
VIOLA: F'Arglwyddes –
OLIVIA: Os gweli'n dda. Wedi cyfaredd pêr
    D'ymweliad y tro dwethaf â'r lle hwn,
    Anfonais fodrwy'n frysiog ar dy ôl.
    Annheg, oedd hynny â'r gwas; annheg â mi;
    Annheg, rwy'n ofni, â thithau. Ac rwy'n awr,
    Bid sicr, yn wrthrych dy gondemniol farn –
    Am wthio arnat, trwy gyfrwystra taeog,
    Rywbeth y gwyddit nad oedd eiddot ddim.
    Beth, tybed, oedd d'ymateb? A rwymaist ti
    F'anrhydedd wrth y stanc, a'i faetio'n daer
    Â holl feddyliau brathog calon ddreng?
    I un o'th graffter di, fe amlygwyd digon:
    Mae holl fwriadau 'nghalon yn weladwy
    Bellach, gan hynny, tyrd, llefara di.

VIOLA: Tosturiaf wrthych.
OLIVIA: Dyna un radd o serch.
VIOLA: Nage, nid felly chwaith. Mae modd i ddyn
Dosturio wrth elyn, cofier, ambell dro.
OLIVIA: Purion: caf innau wenu eto'n awr. O fyd!
Mor rhwydd y llithra'r tlawd i fod yn falch:
O gwympo'n 'sglyfaeth – yna, gymaint gwell
Fai cwympo o flaen llew nag o flaen blaidd.
[*Mae'r cloc yn taro.*
Mae'r cloc yn edliw gwastraff im;
Nac ofna, ŵr ieuanc, cans ni fynnaf monot.
Eto, pan ddêl cynhaeaf dawn a mebyd,
Ceir gweld dy wraig yn medi lluniaidd ddyn.
Ffordd acw yr ei – ffordd y Gorllewin, syr.
VIOLA: Yna, Gorllewin – ho! Arhosed gras
A phob diddanwch, Madam, gyda chwi,
Ond – a oes gennych neges at fy meistr?
OLIVIA: Aros!
Dwed im, atolwg, beth feddyli ohonof.
VIOLA: Bod ynoch gred nad ydych yr hyn ydych.
OLIVIA: Dyna 'nghred innau, felly, amdanat ti.
VIOLA: Mae'r gred yn gywir! Nid ydwyf yr hyn ydwyf.
OLIVIA: Gwyn fyd na fyddit yr hyn 'fynnwn i!
VIOLA: A fyddwn felly'n well nag ydwyf, Madam?
O! na bawn well – cans ffŵl wyf ichwi'n awr.
OLIVIA: O! 'r anferth wawd sy'n troi'n brydferthwch llwyr
Yn nirmyg a digllonedd cas ei fin!
Haws cadw'r euogrwydd gwaetha 'rioed ynghudd
Na chelu serch. Mae dunos serch yn ddydd!
Cesario, myn rhosynnau'r gwanwyn gwiw,
Ac myn fy enw da – rymused yw

Fy nghariad atat, er mor ffroenfalch wyd,
Na ddichon rhith na rheswm ladd fy nwyd:
Nac ymresyma, oddi wrth fy nghariad i,
Nad oes dim rhaid wrth gariad ynot ti.
Yn hytrach dwed – 'Os da yw serch a geisiwyd –
Gwell ydyw serch rhoddedig, nas disgwyliwyd'.

VIOLA: Myn diniweidrwydd, tyngaf ger eich bron –
Mae im *un* galon yn fy mynwes hon,
Nid yw yn eiddo merch; ac nid oes un
A gaiff ei meddu chwaith, ond mi fy hun.
Yn iach, Arglwyddes. Bellach, tra fwyf byw,
Ni phlediaf ddagrau f'Arglwydd yn eich clyw.

OLIVIA: Na, tyrd drachefn. Fe elli di (Pwy ŵyr?)
Fy nwyn i'w hoffi yn lle'i ddibrisio'n llwyr.

[*Exeunt.*

GOLYGFA II

[*Enter* SYR TOBI, SYR ANDRW *a* FFABIAN.]

SYR ANDRW: Na, tydw i ddim am aros eiliad yn hwy, ar fy ngwir.

SYR TOBI: Ond pam, yr hen wermod gennyt, pam?

FFABIAN: Ie, fe ddylech egluro pam, Syr Andrw.

SYR ANDRW: Wel, o'r gorau. Mi welais eich nith yn dangos mwy o ffafr a sylw i was bach y Cownt nag a ddangosodd hi 'rioed i mi. Mi gwelais nhw â'm llygaid fy hun, yn y berllan.

SYR TOBI: Ond rŵan, hen ffrind – oedd hi'n dy *weld* ar y pryd?

SYR ANDRW: Cyn blaened ag y gwelwch *chi* fi'n awr.

FFABIAN: Wel, dyna braw cadarn o'i serch tuag atoch.

SYR ANDRW: Ar f'engoch i, ydach chi'n meddwl mai asyn ydw i?

FFABIAN: Mi brofaf wirionedd y gosodiad, syr, wrth lwon barn a rheswm.

SYR TOBI: Ac maen *nhw*'n perthyn i'r *Grand Jury* ers dwthwn Arch Noe.

FFABIAN: Dangosodd ffafr a sylw i'r llanc yn eich gŵydd er mwyn eich cynhyrfu – deffro eich gwroldeb cysgadur – rhoi tân yn eich calon, a brwmstan yn eich afu. Dylsech fod wedi cyfarch f'Arglwyddes; a chyda geiriau pert-gellweirus (newydd sbon danlli o'r mint), dylsech fod wedi syfrdanu'r llencyn, a rhoi taw arno. Fe ddisgwylid hyn oddi wrthych, ac nis cafwyd. Gadawsoch i amser ddileu disgleirdeb gwych y cyfle. Rydych yn hwylio'n awr ar ochr ogleddol barn f'Arglwyddes, ac yno y byddwch, yn hongian fel pibonwy dan drwyn Dutchman, os na fedrwch ddringo'n ôl i'w ffafr trwy arddangosiad cryf o ystryw neu o ddewrder.

SYR ANDRW: Wel, os felly mae hi, dewrder amdani; mae'n gas gen i 'strywiau. Mi fasa'n well gen i fod yn Biwritan nag yn 'strywgi.

SYR TOBI: O'r gorau; boed dewrder yn sylfaen dy ffortiwn. Slensia'r llanc i ymladd â thi, a chlwyfa fo mewn un ar ddeg o leoedd. Fe sylwai fy nith ar beth felly: a choelia fi, does yr un llatai yn y byd all ennill edmygedd merch yn gynt na dangosiad o ddewrder.

FFABIAN: Ie, dyna'r unig ffordd, Syr Andrw.

SYR ANDRW: Fedr un ohonoch chi fynd â'r sialens iddo fo?

SYR TOBI: Dos; sgrifenna'r sialens mewn llaw filwraidd. Bydd yn chwerw a chwta. Gwna'r llythyr mor goeglyd ag y mynni, yn huawdl ac yn llawn dychymyg. Tywallt sarhad ar y llanc gyda holl hyfdra cwil gŵydd. Purion peth fyddai'i alw fo'n 'ti' ddwywaith neu dair, a dweud hynny o gelwyddau sy bosibl mewn sialens o'r fath. Dos; dechrau arni. Rho ddigon o fustl yn yr inc; ac er mai pin gŵydd fydd gennyt yn sgrifennu – na hidia. Dos, at y gwaith.

SYR ANDRW: Ymh'le y caf hyd i chwi?

SYR TOBI: Down atat i'r cufygl, dos.

[*Exit* SYR ANDRW.

FFABIAN: Rydych yn uchel iawn yn llyfrau'r dyn bach 'na, Syr Tobi.

SYR TOBI: Mi ddylwn fod. Rwyf wedi costio cryn ddwyfil iddo'n barod.

FFABIAN: Cawn lythyr gogoneddus ganddo; ond nid ydych am ei gyflwyno i was y Cownt?

SYR TOBI: Ydwyf, debyg iawn; a chofia dithau annog y bachgen i ymateb. Mae'n amheus gen i a fedrai'r ychen bannog halio'r ddau at ei gilydd. Ac am Andrw – pe bait yn ei agor, a chael digon o waed yn ei afu i foddi chwannen, mi lyncwn innau weddill y corpws!

FFABIAN: Tydi'r llanc – ei wrth'nebydd – ddim yn edrych yn beryglus iawn chwaith!

[*Enter* MARIA.

SYR TOBI: Ond gwêl pwy sy'n dŵad – y lleiaf o dylwyth y dryw!

MARIA: Os hoffech gael pwl o chwerthin nes torri ar eich traws, dowch gyda mi. Mae'r hurtyn Malvolio 'na wedi troi'n bagan rhonc – yn wrthgiliwr gwyllt. Chredai'r un Cristion (sy'n pwyso ar gywir gred am achubiaeth) fod y fath benchwibandod yn bosibl. Mae'n gwisgo sanau melyn.

SYR TOBI: A gardyrsau croes?

MARIA: Ie, mae'n ddychrynllyd – fel pedant yn cadw ysgol yn yr eglwys. Bûm yn snechian ar ei ôl fel llofrudd. Mae'n dilyn pob awgrym a roddais yn y llythyr. Mae'n gwenu a gwenu nes bod ei wyneb yn leiniau i gyd, fel y map newydd sy'n dangos yr India. Welsoch chi 'rioed 'shwn beth. Prin y medraf ddal rhag lluchio rhywbeth ato. Mae f'Arglwyddes yn siŵr o'i daro; ac os gwna, bydd yntau'n siŵr o ystyried hynny'n ffafr, a gwenu'n waeth fyth.

SYR TOBI: Tyrd â ni, tyrd â ni i'r fan lle mae o.

[*Exeunt.*

GOLYGFA III

[*Enter* SEBASTIAN *ac* ANTONIO.]

SEBASTIAN: Nid ewyllysiais dy drafferthu ddim,
Ond gan fod trafferth yn fwynhad i ti,
Ni cheisiaf mwy dy ddwrdio.
ANTONIO: Ni allwn beidio â'ch dilyn. Mynnai greddf,
Fel cleddyf miniog, fy 'sbarduno 'mlaen:
Ac nid o chwant eich gweld (er bod y chwant
Yn ddigon cryf i fentro meithach siwrnai) –
Ond o wir gyni wrth feddwl am eich hynt
Mewn rhanbarth anghynefin a pheryglus,
Sy'n llwyr ddigroeso'n aml i ddieithr-ddyn,
Heb gyfaill nac arweinydd: yr ofn hwn
A barodd im anturio dal ymlaen,
A brysio i'ch dilyn.
SEBASTIAN: O! f'Antonio dirion,
Ni allaf d'ateb namyn mewn dau air –
Sef canmil diolch. Mynych iawn, fel hyn,
Y telir am gymwynas yn ddi-gost;
Ond petai 'ngwerth mor ddiogel â'm cydwybod,
Fe gawsit amgen tâl. Beth wneir yn awr?
Ai bwrw trem dros hynafiaethau'r dref?
ANTONIO: Yfory, syr: ond weithion ceisiwn lety.
SEBASTIAN: Nid wyf luddedig, ac mae'r nos ymhell:
Tyrd felly, gad in borthi ein llygaid, dro,
Ar adeiladau hen a chreiriau gwych
Y ddinas hon.
ANTONIO: Eich pardwn, syr, atolwg;
Rwyf fi mewn perygl ar y strydoedd hyn,
Cans mewn môr-frwydr yn erbyn llongau'r Cownt,

Bu cymaint llwyddiant ar fy ngwaith, dro'n ôl,
– Ni chawn, pe'm delid, mo'i faddeuant, byth.
SEBASTIAN: Fe leddaist nifer mawr o'i wŷr, ond odid?
ANTONIO: Na, nid yw 'nghamwedd hwn o natur waedlyd.
Ond gall'sai'r amgylchiadau'n ddigon hawdd
Fod wedi ein ffromi hyd at dywallt gwaed.
Cyn hir daeth siawns i ymheddychu â'r Cownt
Trwy ildio'r ysbail iddo. A gwnaethpwyd hynny
Gan liaws, er mwyn trâd. Myfi yn unig
Wrthododd ildio; ac felly, gwae fi'n awr,
Os llwyddir i'm hadnabod yn y dref!
SEBASTIAN: Yn wir, cais beidio â bod yn amlwg.
ANTONIO: O'r gorau, syr: ond 'rhoswch, dyma 'mhwrs.
Y gwesty hwylusa i *ni* yw'r Eliffant,
I'r dde oddi yma. Af yno i drefnu lluniaeth,
Tra byddwch chwi'n lladd amser trwy edmygu
Prif olygfeydd y dref. Cawn gwrddyd yno.
SEBASTIAN: Beth wnaf â'th bwrs?
ANTONIO: Pwy ŵyr na syrth eich llygad cyn bo hir
Ar degan swynol – a dymuno'i gael:
A chredaf nad rhyw helaeth iawn eich stôr.
SEBASTIAN: Fe'i cadwaf iti, ac ymhen yr awr
Dychwelaf atat.
ANTONIO: Ie, i'r Eliffant.
SEBASTIAN: Rwy'n cofio'r enw.

[*Exeunt.*

GOLYGFA IV

[*Enter* OLIVIA *a* MARIA.]

OLIVIA: Anfonais ar ei ôl; mae'n dweud y daw.
Pa groeso a pha ryw ged a roddaf iddo?
Haws *prynu*'r ieuanc na'i *ddarbwyllo*, weithiau.
Rwy'n siarad yn rhy uchel.
P'le mae Malvolio? Gwas sobr a suful yw ef:
Mae'i ffordd yn llwyr gyd-fyned â'm trallodion.
P'le mae Malvolio?

MARIA: Mae'n dyfod, Madam: ond mewn dull dieithr enbyd. Mae'r ysbryd drwg ynddo, Madam.

OLIVIA: Wel, beth sy'n bod? Ai rafio y mae?

MARIA: O, nage, Madam: dim ond gwenu a gwenu; ond os daw yma, byddai'n burion peth fod amddiffyn wrth law. Mae'n amlwg, Madam, fod y dyn o'i go'.

OLIVIA: Ewch i'w gyrchu yma.

[*Exit* MARIA.

Rwyf fi mor wallgo ag yntau'r foment hon,
Os hafal gwallgo trist a gwallgo llon.

[*Enter* MALVOLIO *a* MARIA.

Beth sydd, Malvolio?

MALVOLIO: Arglwyddes fwyn, ho, ho.

OLIVIA: Ai gwenu'r wyt?
Ar fater trist y gyrrais i amdanat.

MALVOLIO: Trist, f'Arglwyddes? Gallwn *fod* yn drist: mae'r rhain yn rhwystrus iawn i'r gwaed – y croes-ardysau 'ma: ond ba waeth, os yw'r peth yn boddio llygaid *un*. Mae popeth yn dda; fel y dywed y soned – 'Plesio *un*, plesio pawb?'

OLIVIA: Ddyn annwyl, sut yr wyt? Beth yw'r mater?

MALVOLIO: Nid du o ran meddwl, er bod fy nghoesau'n felyn.

Fe ddaeth hwnnw i law, ac fe gedwir y gorchmynion. Adwaenom, bid siŵr, y llaw deg Italaidd.

OLIVIA: Beth am fynd i'r gwely, Malvolio?

MALVOLIO: I'r gwely? Ie, cariad, ac fe ddeuaf atat.

OLIVIA: A'th helpo! Pam yr holl wenu a'r holl gusanu â'th law?

MARIA: Sut yr ydych, Malvolio?

MALVOLIO: Ar eich cais *chwi*: mae'r eos yn ateb y frân.

MARIA: Pam y deuwch gerbron f'Arglwyddes mewn diwyg mor chwerthinllyd ddigywilydd?

MALVOLIO: 'Paid ag ofni mawredd': da yr ysgrifennwyd.

OLIVIA: Beth yw ystyr hynny, Malvolio?

MALVOLIO: 'Mae rhai a enir yn fawr', –

OLIVIA: Ha!

MALVOLIO: 'Mae rhai sy'n dringo i fawredd', –

OLIVIA: Am beth rwyt yn siarad?

MALVOLIO: 'Ac eraill y gwthir mawredd arnynt', –

OLIVIA: Wel, dyn a'th helpo!

MALVOLIO: 'Cofia pwy a ganmolai dy sanau melyn',

OLIVIA: Dy sanau melyn!

MALVOLIO: 'Ac a ddymunai dy weld yn groes-ardyrsog', –

OLIVIA: Yn groes-ardyrsog!

MALVOLIO: 'Mae dyfodol disglair iti, os mynni', –

OLIVIA: Dyfodol disglair i *mi*?

MALVOLIO: 'Onid e, gad im dy weld yn stiward am byth'.

OLIVIA: Yn wir, gwallgofrwydd Gŵyl Ifan yw hyn.

[*Enter* GWAS.

GWAS: Madam, mae'r gŵr ieuanc, cennad Orsino, yma drachefn. Cefais waith mawr i'w ddal yn ôl. Mae'n aros nes gwybod dymuniad f'Arglwyddes.

OLIVIA: Deuaf ato.

[*Exit* GWAS.

Maria annwyl, rhaid gofalu am ein cyfaill hwn. P'le mae

f'ewyrth Tobi? Boed i rai o'm pobl gadw llygad arno: ni fynnwn iddo gwrdd â niwed am bris yn y byd.

[*Exeunt* OLIVIA *a* MARIA.

MALVOLIO: O-ho, a ddaethoch i'm deall yn awr? Neb gwaeth na Syr Tobi i edrych ar fy ôl. Mae hyn yn gyson â'r llythyr. Mae'n anfon Syr Tobi o bwrpas; rwyf i ymddangos yn ffroenfalch o'i flaen – cans dyna'i hanogaeth yn y llythyr. 'Bwrw ymaith dy wylder', medd hi; 'bydd gyndyn wrth gâr, a chuchiog wrth weision; traetha'n hallt ar bynciau mawr; meithrin arbenigrwydd mewn ymarweddiad'. Yna mae'n nodi'r manylion – megis trem drist, gosgedd syber, siarad hamddenol, yn ôl arfer rhyw Syr o fri; ac felly ymlaen. Rwyf wedi ei dal; ond i'r Nef y bo'r clod a'r diolch. Ac meddai, wrth ymadael yn awr – 'Rhaid gofalu am ein cyfaill hwn'. Cyfaill – nid Malvolio: nid oerni swyddogol, ond 'ein cyfaill hwn'. Ydyw'n wir, mae'r cyfan yn clymu ynghyd, heb fawr amheuaeth; heb *ddim* amheuaeth o gwbl; dim byd gwrthwyneb, dim byd anhygoel nac ansicr. Oes angen dweud rhagor? Nid oes dim a ddichon ddod rhyngof a llwyr sylweddoliad fy ngobeithion. Y Nef a wnaeth hyn, nid myfi; ac i'r Nef y bo'r diolch.

[*Enter* MARIA, *gyda* SYR TOBI *a* FFABIAN.

SYR TOBI: Yn enw pob daioni, p'le mae o? Petai holl gythreuliaid y Fall wedi ymwasgu iddo; petai Lleng wedi cymryd meddiant ohono – mi fynnaf siarad ag ef.

FFABIAN: Dyma fo; dyma fo. Sut yr wyt ti, syr? Sut mae hi, ddyn annwyl?

MALVOLIO: Ewch ymaith! Rwy'n eich taflu heibio. F'egwyl breifat yw hon. Ffwrdd â chwi!

MARIA: O, clywch sŵn gwag yr ellyll o'i fewn! Oni ddwedais wrthych? Syr Tobi, mae f'Arglwyddes yn crefu arnoch gadw golwg arno.

MALVOLIO: A-ha! Y mae hi?

SYR TOBI: Rŵan, rŵan; pwyll, pwyll: rhaid inni ddelio yn dirion â'r dyn. Gedwch rhyngof fi ac ef. Sut rwyt ti, Malvolio? Sut hwyl? Tyrd ddyn bach – ddyffeia'r diafol. Cofia, mae o'n elyn i'r hil ddynol.

MALVOLIO: A wyddoch chwi beth yr ydych yn ei ddwedyd?

MARIA: Ydach chi'n gweld? Os deudwch chi betha' cas am y diafol, mae o'n digio'n syth. Gobeithio'r tad na chafodd o mo'i witsio!

FFABIAN: Ewch â'i ddŵr i'r wraig hysbys.

MARIA: Mi wnaf bore 'fory, os caf fyw ac iach. Charai f'Arglwyddes mo'i golli am unrhyw bris.

MALVOLIO: Beth, meistres?

MARIA: Y Nefoedd wen!

SYR TOBI: Twt, twt: byddwch dawel. Nid dyna'r ffordd. Rydach chi'n cynhyrfu gormod arno. Gedwch rhyngof fi ac ef!

FFABIAN: Tynerwch piau hi: yn dyner, dyner. Un gwyllt yw'r Gŵr Drwg, ac ni fyn gael ei wylltio.

SYR TOBI: Rŵan, 'rhen geiliog. Tshwc, tshwc; sut rwyt ti?

MALVOLIO: Syr!

SYR TOBI: Tyrd, tshwc bach, gyda mi. Ddyn annwyl, thâl hi ddim i bobol barchus chwarae mig efo Satan. Mae eisiau crogi'r burgyn!

MARIA: Perswadiwch o i ddweud ei bader, Syr Tobi.

MALVOLIO: Dweud fy mhader, faeden?

MARIA: Na; mi wranta na fyn o ddim sôn am dduwioldeb.

MALVOLIO: Ewch ac ymgrogwch i gyd, y petheuach penwan. Nid wyf o'r un naws â chwi. Cewch glywed rhagor am hyn.

[*Exit.*

SYR TOBI: Glywsoch chi 'rioed 'shwn beth?

FFABIAN: Pe chwaraeid hyn ar lwyfan, fe'i condemniwn fel stori anhygoel.

SYR TOBI: Mae'r ddyfais wedi heintio'i holl ysbryd, fachgen.

MARIA: Da chwi, ewch ar 'i ôl o, rhag i'r ddyfais fynd ar led a heintio'r awyr iach i gyd.

FFABIAN: Beth ped âi'n wirioneddol wallgo?

MARIA: Byddai'r tŷ'n dawelach hebddo!

SYR TOBI: Dowch, dyma esgus i'w rwymo, a chau arno mewn lle tywyll. Mae fy nith eisoes yn credu bod y cnaf o'i go'. Medrwn ninnau felly greu hwyl i ni'n hunain a chosb iddo ef. Pan dderfydd y chwarae o ddiffyg anadl, bydd yn hen bryd trugarhau wrtho – ac yna, down â'r ddyfais i'r bar, a'th goroni dithau'n farnwr gwallgofiaid: ond sbïwch, edrychwch!

[*Enter* SYR ANDRW.

FFABIAN: 'Chwaneg o firi at fore o Fai.

SYR ANDRW: Dyma'r sialens – darllenwch o. Mae'n finegr ac yn bupur bob gair.

FFABIAN: Mor sosi â hynny?

SYR ANDRW: Ia, mi wranta'; ond darllenwch o.

SYR TOBI: Rho imi weld. [*Yn darllen.*] *Ŵr ieuanc, beth bynnag wyt – nid wyt ond cerlyn taeog.*

FFABIAN: Eitha da; eitha dewr.

SYR TOBI [*Yn darllen*]: *Paid â synnu na rhyfeddu roi ohonof yr enw hwn arnat, oblegid ni ddatguddiaf y rheswm pam.*

FFABIAN: Sylw da: fe'th ceidw rhag bonclust y gyfraith.

SYR TOBI [*Yn darllen*]: *Dyfod at yr Arglwyddes Olivia, a hithau – o flaen fy llygaid – yn delio'n annwyl â thi; ond mae'n gelwydd yn dy dagell – nid dyna'r rheswm am fy sialens.*

FFABIAN: Byr dros ben – a synnwyr ym mhob gair – bron.

SYR TOBI [*Yn darllen*]: *Fe'th wyliaf ar dy ffordd adref; ac yno – pe digwyddai iti fy lladd –*

FFABIAN: Reit dda.

SYR TOBI [*Yn darllen*]: *Fe'm lleddi megis cnaf a dihiryn.*

FFABIAN: Rydych ar yr ochr iawn i'r gyfraith o hyd. Go dda.

SYR TOBI [*Yn darllen*]: *Yn iach i ti; a Duw a drugarhao wrth enaid un ohonom. Mae'n bosibl y trugarha wrth f'un i; ond mae 'ngobaith yn amgenach, ac felly, ymogel. Dy gyfaill yn ôl d'ymateb iddo, a'th elyn anghymodlawn,*

ANDRW AGUECHEEK.

Os metha hyn â'i gyffroi, fe fet ha'i goesau â ffoi. Af ag ef iddo.

MARIA: Cewch gyfle hwylus toc iawn. Mae'n awr yng nghwmni f'Arglwyddes, ond daw'n ôl cyn bo hir.

SYR TOBI: Dos, Syr Andrw; gwylia fo fel bwm-beili wrth gongol y berllan, a phan weli fo'n dŵad, dadweinia dy gledd a rhegi'n erchyll. Fel rheol, mae swagro mawr a llwon dychrynllyd yn drech na dewrder gwirioneddol. Dos!

SYR ANDRW: Fydda i ddim ar ôl am regfeydd – raid ichi ddim pryderu.

[*Exit.*

SYR TOBI: Nid wyf bellach yn bwriadu cyflwyno'r llythyr. A barnu oddi wrth ei ymddygiad, mae'r dyn ifanc yn fonheddwr deallus: yn wir, pe amgen, nis gwnaethid yn gennad rhwng y Cownt a'm nith. Felly, does dim siawns i'r llythyr campus-anwybodus hwn ei ddychryn o gwbwl. Fe welai'r bachgen ar unwaith mai penbwl a'i sgrifennodd. Yn hytrach, syr, mi gyflwynaf y sialens i'r llanc *ar lafar*. Fe'i rhybuddiaf fod Aguecheek yn ddewr a pheryglus tu hwnt, nes gwthio i'w gorun y syniad erchyllaf posibl am fedr, a phenderfyniad, a chynddeiriogrwydd rhyfygus y marchog. Bydd cymaint ofn ar y ddau nes lladd ei gilydd â'r llygad yn unig, fel seirff cocatris.

[*Enter* OLVIA *a* VIOLA.

FFABIAN: Dyma'r llanc yn dyfod gyda'ch nith. Awn o'r golwg nes ffarwelio ohono – ac yna – ar ei ôl.

SYR TOBI: Yn y cyfamser, mi geisiaf ddychmygu rhywbeth erchyll yn ddeunydd sialens.

[*Exeunt* SYR TOBI, FFABIAN *a* MARIA.

OLIVIA: Dywedais ormod wrth dy galon faen,
A gorberyglu f'enw da 'run pryd.
Mae rhywbeth ynof sy'n ceryddu 'mai:
Ond bai mor bengry'-benderfynol yw –
Mae'n gwawdio pob rhyw gerydd.
VIOLA: Os mawr yw gwres a grym eich cariad chwi,
Mawr hefyd ing fy meistr.
OLIVIA: Ond tyrd – gwisg er fy mwyn fy narlun hwn.
O! Paid â'i wrthod, ni all glebran gair;
A dychwel yma, atolwg, nos yfory.
Pa gais o'r eiddot sy', nas caniatâf –
Os cyson ag anrhydedd yw ei roi?
VIOLA: Un cais yn unig – cywir serch i'm Harglwydd.
OLIVIA: Pa fodd, heb warth, y rhoddaf iddo ef
Yr hyn a roed i ti?
VIOLA: Fe'th esgusodaf.
OLIVIA: Ffarwél – ond tyrd yfory. Medrit ddwyn
Fy enaid hyd yn uffern, ellyll mwyn.

[*Exit.*

[*Enter* SYR TOBI *a* FFABIAN.

SYR TOBI: Fonheddwr, Duw a'th gadwo.

VIOLA: A chwithau, syr.

SYR TOBI: Yr amddiffyn sy gennych, gwnewch yn fawr ohono. Pa ryw gam a wnaethoch ag ef, nis gwn – ond erys yr ymddialydd amdanoch; mae'n chwythu celanedd megis heliwr gwaedlyd, ar gwr y berllan. Tynnwch eich cleddyf; byddwch barod ar fyrder, canys cyflym, deheuig a marwol yw eich gelyn.

VIOLA: Rydych yn camgymryd, syr. Rwy'n siŵr nad oes neb mewn cweryl â mi. Ni chofiaf roi'r dim lleiaf o achos digio i undyn byw.

SYR TOBI: Cewch weld mai fel arall y mae, credwch fi. Am hynny, os hoff gennych einioes, boed eich arfau'n barod: mae'r gelyn yn berchen popeth y dichon ieuenctid, cryfder, medr a dicter gynysgaeddu dyn ag ef.

VIOLA: Atolwg, syr, *beth* ydyw?

SYR TOBI: Marchog a urddwyd â chleddyf dibrofiad, ac ar ystyriaeth garpedaidd – ond mewn ffrwgwd breifat mae'n gythreulig. Tri chorff a ddieneidiodd ef eisoes: ac mae'i soriant presennol yn gyfryw na ddichon dim ei dawelu namyn pangfeydd marwolaeth a'r bedd. 'Doed a ddelo, marw neu beidio' – dyna'i air ef ei hun.

VIOLA: Af yn ôl i'r tŷ a gofyn secwndid gan f'Arglwyddes. Nid wyf ymladdwr; a chlywais am ddynion yn pryfocio eraill o bwrpas, i brofi eu dewrder; mae'n debyg mai mympwy o'r fath sy'n corddi hwn.

SYR TOBI: Syr, nage; mae'i lid yn codi oddi ar niwed digamsyniol; felly, ewch ymlaen, rhowch fodlonrwydd i'r dyn. Ni chewch fynd yn ôl i'r tŷ heb herio perygl ynof fi, y byddai cystal – os nad gwell – ei wynebu ynddo ef. Felly, ewch ymlaen, neu noethwch gledd yn y fan hon. Mae'n rhaid ichwi ymladd, neu beidio byth â gwisgo cleddyf ar eich clun.

VIOLA: Mae'r peth nid yn unig yn anhygoel ond yn anghwrtais. Rwy'n erfyn arnoch – gwnewch gymwynas â mi, sef holi'r Marchog pa gamwedd a wneuthum. Beth bynnag yw, fe dardd o'm hesgeulustod, ac nid o'm bwriad.

SYR TOBI: Mi wnaf hynny. Signior Ffabian, sefwch gyda'r bonheddwr hwn nes dychwelaf.

[*Exit.*

VIOLA: Atolwg, syr, a wyddoch chwi rywbeth am hyn?

FFABIAN: Mi wn fod y marchog yn ddig wrthych, ac yn hawlio cyfranc farwol â chwi, ond dyna'r cyfan a wn.

VIOLA: Da chwi, dywedwch pa fath ddyn ydyw.

FFABIAN: Wel, nid mor addawol o ran llun, efallai, ag o ran dewrder. A dweud y gwir, syr, dyma'r ymladdwr mwyaf deheuig a pheryglus drwy holl ranbarthau Ilyria. Awn draw i'w gyfarfod – ac os gallaf, fe'ch cymodaf ag ef.

VIOLA: Byddwn dra diolchgar pe gallech. Byddai'n well gennyf fynd at Offeiriad nag at Farchog – 'waeth gennyf pwy fo'n gwybod y ffaith.

[*Exeunt.*

[*Enter* SYR TOBI *ac* ANDRW.

SYR TOBI: Ddyn bach, mae o'n gythraul mewn croen. Ni welais erioed y fath *virago*. Bûm yn yr afael ag o – cleddyf, sgabard a'r cwbl, ac fe'm gwanodd yn anocheladwy; ac wedyn, yn yr adwant, fe dâl yn ôl cyn sicred â bod eich traed ar y ddaear. Bu'n ffenswr i'r Soffi, meddant hwy.

SYR ANDRW: Plag arno, 'fentra i mono fo.

SYR TOBI: Ond 'fyn o ddim sôn am gymodi. Mae Ffabian, fan draw, yn methu'n lân â'i ddal yn ôl.

SYR ANDRW: Ymhell y bo fo; pe clywswn yn gynt am ei ddawn fel ymladdwr, cawsai fynd i'r cythraul cyn y rhoeswn sialens iddo. Os yw'n fodlon tynnu'n ôl, gaiff fy ngheffyl llwyd, Capilet, yn bresant.

SYR TOBI: Mi rof i gynnig iddo ar hynny. Sa' lle'r wyt; gwna sioe go lew. Daw'r helynt i ben heb golli eneidiau. [*O'r neilltu.*] Myn cebyst, rwyf eisoes yn dy farchog *di*; caf farchog dy geffyl maes o law.

[*Enter* FFABIAN *a* VIOLA.

[*Wrth* FFABIAN] Mae'i geffyl gennyf i setlo'r ymrafael. Fe'i perswadiais fod y dyn ifanc yn ddieflig o beryglus.

FFABIAN: Mae'r dyn ifanc yn crynu rhagddo yntau. Mae'n chwythu ac yn gwelwi fel tae arth wrth ei sodlau.

SYR TOBI [*Wrth* VIOLA]: Does mo'r help, syr. Mae'n mynnu ymladd â chwi oherwydd ei lw; ond newidiodd ei farn am y cweryl, a chred yn awr nad yw'n werth ei drafod. Felly, o barch i'w lw, tynnwch eich cleddyf. Addawodd beidio â'ch brifo.

VIOLA [*O'r neilltu*]: Y nefoedd a'm helpo. Rwyf bron â chyfaddef cyn lleied o ddyn ydwyf.

FFABIAN: Rhowch gam bach yn ôl, pan fydd o'n ffyrnig.

SYR TOBI: Tyrd, Syr Andrw, does mo'r help. Er mwyn ei enw da, mae'r llanc yn mynnu cael un bowt â thi. Ni all dynnu'n ôl heb dorri'r rheolau; ond addawodd, fel boneddwr a milwr, beidio â'th anafu. Rŵan, tyrd!

SYR ANDRW: Gobeithio'r Nefoedd y ceidw'i addewid.

VIOLA: Coeliwch fi, mae'n gas gennyf ddechrau.

[*Croesant gleddyfau.*

[*Enter* ANTONIO.

ANTONIO: Atal dy gledd. Os gwnaeth y macwy hwn
Ryw gam â chwi, boed arnaf fi'r holl fai.
Os chwi a'i digiodd ef, mi ymladdaf drosto.

SYR TOBI: Chwi, syr! A phwy ydych chwi?

ANTONIO: Un, syr, a faidd gyflawni yn ei le,
Fwy nag a ymffrostiodd ef ei hun erioed.

SYR TOBI: Wel, Robin y busnes, cei fy herio *i*.

[*Ymladdant.*

[*Enter* SWYDDOGION.

FFABIAN: Syr Tobi, Syr Tobi, mae'r swyddogion yn dyfod.

SYR TOBI [*Wrth* ANTONIO]: Byddaf yn ôl, toc.

VIOLA [*Wrth* SYR ANDRW]: Os gwelwch yn dda, syr – gweiniwch eich cledd.

SYR ANDRW: Gwnaf, yn wir, syr. Ac rwy'n siŵr o gadw f'addewid. Bydd y ceffyl yn abl i'ch cario'n hawdd. Mae o'n hydrin hefyd.

Y SWYDDOG CYNTAF: Dyma fo'r dyn: gwna dy waith.

YR AIL SWYDDOG: Antonio, rwy'n dy restio yn enw'r Cownt Orsino.

ANTONIO: Rydych yn camgymryd, syr.

Y SWYDDOG CYNTAF: O, na! Fe'th adnabûm yn hawdd,

Er nad oes gapan llongwr ar dy ben.
Ymaith ag ef. Fe ŵyr y gwn pwy yw.

ANTONIO: O'r gorau, syr. [*Wrth* VIOLA] Daeth hyn o'ch ceisio chwi.
Wel, does mo'r help; ac weithion, doed a ddêl.
Ond beth a wnewch a minnau'n awr dan raid
I fegio 'mhwrs yn ôl? Rwy'n poeni, syr –
Nid am a ddichon ddigwydd eto i mi,
Ond 'herwydd na chaf weini arnoch mwy.

YR AIL SWYDDOG: Tyrd, syr, rhaid mynd.

ANTONIO: Atolwg, rhowch im *ran* o'r arian.

VIOLA: Pa arian, syr?
Oherwydd dy gymwynas imi'n awr,
Ac o dosturi, wrth weld dy helynt hwn –
O'm prinder dybryd a'm cynhysgaeth wael,
Rhof fenthyg it'. Er 'sgafned yw fy nghod,
Mi ranna'r cwbl a feddaf er dy fwyn.
Arhô! Dyma'r hanner it'.

ANTONIO: Ai 'ngwadu yr ydych?
Ai dibwys yn eich golwg, erbyn hyn,
Fy haeddiant oll? Na themtiwch fy nhrueni,
Rhag iddo droi'n daeogrwydd a sarhad,
Nes dannod ichwi'r lliaws cymwynasau
A wneuthum eroch.

VIOLA: Cymwynasau, syr?
Nid yw eich llais na'ch gwedd yn hysbys imi.
Ffieiddiach gennyf anniolchgarwch dyn
Na phob anwiredd, coegni a meddwdod ffôl,
Neu unrhyw afiach haint 'all lygru'r gwaed
Sy'n tramwy gwythi'n cnawd.

ANTONIO: O! Nef y Nefoedd!

YR AIL SWYDDOG: Tyrd, atolwg, tyrd.

ANTONIO: Goddefwch air. Mi gipiais y llanc hwn
O safn marwolaeth, amser byr yn ôl,
A'i ymgeleddu'n gu; cans tybiwn weld
Teilyngdod urddas yn ei drem; do, syr,
Fe'i gwasanaethais â defosiwn pur –
Y SWYDDOG CYNTAF: Pa beth yw hynny i ni? Tyrd, yn ddi-oed.
ANTONIO: Och fi, rhyw eilun ffiaidd fu'r duw hwn!
Sebastian, dygaist warth ar degwch gwedd.
Unig nam Natur yw taeogrwydd dyn!
Yr angharedig – hwnnw sy'n hagr ei lun.
Mae'r da'n brydferthwch; nid yw'r drwg prydweddol
Namyn cist wag a baentiwyd gan y diafol.
Y SWYDDOG CYNTAF: Mae'r dyn yn wallgo. Ffwrdd ag ef. –
Tyrd, syr.
ANTONIO: Ie, ewch â mi.

[*Exit gyda'r* SWYDDOGION.

VIOLA: Roedd argyhoeddiad dan ei deimlad dwys,
Nid wyf yn amau: ond camgymeriad yw.
O, f'unig frawd, boed sail i'm gobaith i
Mai 'nghamgymeryd wnaeth amdanat ti!
SYR TOBI: Tyrd yma, farchog; dowch yma, Ffabian;
Cawn sibrwd dihareb neu ddwy go ddoeth ynghyd.
VIOLA: Enwodd Sebastian: adwaen innau 'mrawd
Pan syllwyf yn y drych. Un felly oedd ef
O ran ei bryd a'i osgedd; dyma'r wisg
A wisgai yntau; dyma'r lliw a'r llun.
Ei efelychu'r wyf. O! dymestl wiw!
O! donnau serchog! – os yw 'mrawd yn fyw!

[*Exit.*

SYR TOBI: Wel, dyna lencyn tila; sgwarnog ddi-asgwrn-cefn, yn gadael ei gyfaill mewn cyni, ac yn ei wadu. A pharthed ei lwfrdra – llefared Ffabian.

FFABIAN: Llwfrgi – ie, llwfrgi sych-dduwiol a choel-grefyddol.

SYR ANDRW: 'Rachlod – af ar ei ôl, i'w gystwyo.

SYR TOBI: Ie, dos; rho gurfa iawn iddo, ond paid â noethi dy gledd.

SYR ANDRW: 'Rhoswch chi imi 'ddal o!

[*Exit.*

FFABIAN: Dowch – i weld y canlyniad.

SYR TOBI: Gyfaill annwyl, ddaw ddim byd o'r peth.

[*Exeunt.*

ACT IV

GOLYGFA I

[*Enter* SEBASTIAN *a'r* CLOWN.]

CLOWN: Ai ceisio f'argyhoeddi yr ydych, nad i'ch nôl chwi y'm gyrrwyd?

SEBASTIAN: Twt lol botes; creadur penffol wyt. Da thi, dos ymaith.

CLOWN: Myn f'enaid i, actio gwych. Na, nid wyf yn dy nabod; na, nid dros f'Arglwyddes y deuthum i'th geisio; na, does arni ddim eisiau sgwrs â thi; nid Mastr Cesario yw d'enw; ac nid fy nhrwyn i ydi hwn chwaith. Nid yw dim byd fel *yna*, os fel *acw* y mae!

SEBASTIAN: Atolwg, arllwys dy ffolineb hurt
Yn rhywle arall: dieithr wyt i mi.

CLOWN: Arllwys ffolineb! Fe glybu'r gair ar enau rhyw ŵr enwog, ac yn awr mae'n ei droi ataf fi. Arllwys ffolineb! Rwy'n ofni bod y byd mawr penbylaidd yn magu mursendod. Rŵan, rŵan, tor gwlwm dieithrwch. Beth sydd i'w arllwys i'm Harglwyddes? A gaf fi arllwys dy ddyfodiad?

SEBASTIAN: Atolwg, Roegyn ffôl, ymâd a mi.
Hwde gil-dwrn. Os meiddi dario'n hwy,
Cei gydnabyddiaeth waeth.

CLOWN: Ar fy llw, dyma wir haelioni. Gŵr doeth a rydd anrheg i ffŵl – fe'i molir ar ei bymthegfed.

[*Enter* SYR ANDRW, SYR TOBI
a FFABIAN.

SYR ANDRW: O, syr – dyma chwi eto, ai e? Hwdiwch honna.

[*Yn taro* SEBASTIAN.

SEBASTIAN: A chymer dithau honna, a honna, a honna!
Ai gwallgo yw'r bobl i gyd?

SYR TOBI: Rhoswch, syr – neu mi luchiaf eich dager dros y to.

CLOWN: Af i ddweud wrth f'Arglwyddes yn syth am hyn. Charwn i ddim bod yn sgidia' rhai ohonoch am bris yn y byd.

[*Exit.*

SYR TOBI: Dowch, syr; daliwch ymlaen.

SYR ANDRW: Na, gadwch lonydd iddo. Af o'i gwmpas mewn ffordd arall. Caiff ei lusgo o flaen ei well, os oes cyfraith yn Ilyria. Fi oedd y cynta' i daro, ond ba waeth am hynny.

SEBASTIAN: Gollwng dy law.

SYR TOBI: Dowch, syr; nid wyf am eich gollwng. Dowch, sawdiwr ifanc, defnyddiwch y dur. Rydych wedi twymo iddi – dowch!

SEBASTIAN: Rhaid iti 'ngollwng. [*Mae'n ymryddhau.*]
Beth sy'n dy boeni di?
Os meiddi 'nhemtio 'mhellach – noetha'r cledd.

SYR TOBI: Beth? Beth? Rhaid tynnu owns neu ddau o'r gwaed ceiliogaidd yna allan ohonoch, mi wela! [*Dechreuant ymladd.*]

[*Enter* OLIVIA.

OLIVIA: Paid, Tobi! Ar berygl dy fywyd, paid!

SYR TOBI: Madam!

OLIVIA: Yr hen wrthuni byth! Anwarddyn ffôl,
Addas i'r gwyllt fynyddoedd a'r og'feydd –
Lle nid oes sôn am foesau! Ffwrdd â thi!
Na ddigia oherwydd hyn, Cesario fwyn. –
Ynfytyn, dos!

[*Exeunt* SYR TOBI, SYR ANDRW *a* FFABIAN.

Da thi, addfwynaf ffrind,
Wrth farnu'r helynt cas, anghwrtais, hwn,

Caed goddefgarwch doeth orchfygu'r dig
O fewn dy fron. Tyrd gyda mi i'r plas:
Cei glywed 'chwaneg yno am branciau ffôl
Y bwngler yma; a gwn mai gwenu a wnei
Wrth feddwl am hyn oll. Tyrd, tyrd yn awr,
Paid â'm nacáu. Wfft iddo, ddwedaf i,
Am darfu'r galon fau sydd ynot ti.

SEBASTIAN: Pa beth yw ystyr hyn? Pa ddewin ŵyr?
Rwyf naill ai'n wallgo, neu'n breuddwydio'n llwyr.
Ai dyfroedd Lethe hen o'm cylch sy'n cau?
Os breuddwyd hyn – wel, boed i'm cwsg barhau!

OLIVIA: Atolwg, tyrd; O na bait ufudd imi!

SEBASTIAN: Mi fyddaf, Madam.

OLIVIA: Poed mai gwir a ddwedi!

[*Exeunt*.

GOLYGFA II

[*Enter* MARIA *a'r* CLOWN.]

MARIA: Na, o ddifri, gwisg y fantell a'r farf yma. Gwna iddo feddwl mai Syr Topas y Curad wyt ti. A phaid â bod yn hir. Af innau i nôl Syr Tobi.

[*Exit*.

CLOWN: Wel, fe'i gwisgaf hi, ac mi chwaraeaf y ffon ddwybig ynddi. Gresyn na bawn y cyntaf i ragrithio mewn clog fel hon. Tydw i ddim yn ddigon tal i wneud *offeiriad* iawn, nac yn ddigon tenau i fod yn stiwdant gwirioneddol; ond mae pasio fel dyn onest a phenteulu da bron cystal â phasio fel dyn crefyddol a 'sgolor gwych. Dyma 'nghyd-weithredwyr yn dŵad.

[*Enter* SYR TOBI *a* MARIA.

SYR TOBI: Bendith y Nef, Meistr Offeiriad.

CLOWN: *Bonos dies*, Syr Tobi: cans fel y dwedodd hen feudwy Prâg mor ddoniol wrth nith y brenin Gorbodwg, ac yntau heb weld na phen nac inc yn ei fywyd. Hynny sydd, sydd; felly, rwyf Feistr Offeiriad am mai Meistr Offeiriad ydwyf: cans beth yw *hynny* ond *hynny*, ac *ydwyf* ond *ydwyf*?

SYR TOBI: Ato fo, Syr Topas.

CLOWN: Ho, nawr; boed tangnef yn y carchar hwn.

SYR TOBI: Dynwared campus. Chwarae teg i'r cnaf.

MALVOLIO [*Tu mewn*]: Pwy sy'n galw?

CLOWN: Syr Topas y Curad, sy'n ymweld â'r lloerig – Malvolio.

MALVOLIO: Syr Topas, Syr Topas, Syr Topas annwyl, ewch at fy meistres –

CLOWN: Rhag cywilydd, ellyll hyperbolaidd, yn poeni'r dyn hwn fel hyn! Oni elli sôn am rywbeth heblaw meistresi?

SYR TOBI: Go dda, Meistr Offeiriad.

MALVOLIO: Syr Topas, chafodd dyn erioed y fath gam. Syr Topas annwyl, nid gwallgo mo'nof. Maent wedi fy nghau mewn tywyllwch erchyll.

CLOWN: Ffei, Satan anonest! Rwy'n defnyddio'r enwau mwyaf cymedrol wrth alw arnat, canys un o'r rhai addfwyn hynny wyf fi – sy'n fodlon siarad yn gwrtais hyd yn oed â'r diafol. Y tŷ yn dywyll, ddwedaist ti?

MALVOLIO: Fel y fagddu, Syr Topas.

CLOWN: Wel, mae'i ffenestri bwa cyn dryloywed â baricados, a'r ffenestri llai yn y gogledd ddeau yn disgleirio fel eboni; ac eto rwyt ti'n grwgnach.

MALVOLIO: Nid wyf yn wallgo, Syr Topas. Dwedaf eto – mae'r lle'n *dywyll*.

CLOWN: Wallgofddyn, rwyt yn methu. Dwedaf innau nad oes dywyllwch namyn anwybodaeth. Rwyt tithau'n fwy ar goll yn ei ganol na'r Eifftiaid yn y pla.

MALVOLIO: Dwedaf fod y tŷ hwn cyn dwylled ag anwybodaeth, petai hwnnw cyn ddued ag uffern; a dwedaf hefyd na wnaed mwy o gam â dyn erioed. Nid wyf wallgo, fwy na chwithau. Rhowch braw arnaf trwy ofyn unrhyw gwestiwn synhwyrol.

CLOWN: Wel, beth yw athrawiaeth Pythagoras am adar gwylltion.

MALVOLIO: Y gallai enaid ein nain, o bosibl, breswylio mewn aderyn.

CLOWN: Beth yw dy farn am ei athrawiaeth?

MALVOLIO: Mae gennyf feddwl uchel o'r enaid, ond gwrthodaf yr athrawiaeth.

CLOWN: Ffarwél i ti. Aros di drachefn yn y twllwch. Cyn y gallaf gredu yn iawnder dy bwyll, rhaid iti dderbyn syniad Pythagoras, ac ofni lladd cyffylog rhag digartrefu enaid dy nain. Ac yn awr, ffarwél.

MALVOLIO: Syr Topas! Syr Topas!

SYR TOBI: Fy nigyffelyb, Syr Topas!

CLOWN: O, gallaf lunio'r bluen fel bo'r dŵr.

MARIA: Doedd dim eisiau barf a mantell wedi'r cwbwl. Tydi o ddim yn dy weld.

SYR TOBI: Dos ato fo rŵan yn dy lais dy hun, a gad imi wybod yn iawn sut y mae o. Mi fasa'n dda gen i gael darfod â'r smalio 'ma bellach, a'i ollwng yntau'n rhydd, pe ceid achlysur cyfaddas. Rwy'n bechadur mor fawr yng ngolwg fy nith – byddai'n berygl imi gario'r sbort ymlaen i'w anterth. Tro i mewn i'm hystafell cyn bo hir.

[*Exeunt* SYR TOBI *a* MARIA.

CLOWN [*Yn canu*]: 'Hei, Robin; dywed Robin,
Sut y mae dy feistres fwyn.'

MALVOLIO: Ffŵl!

CLOWN: 'Creulon yw fy meistres i.'

MALVOLIO: Ffŵl!

CLOWN: 'Ow, ow, pa beth sy'n bod?'

MALVOLIO: Ffŵl, gwrando!

CLOWN: 'Mae'n caru llencyn arall'. – Ho! Pwy sy'n galw?

MALVOLIO: Ffŵl tirion – fe'm gwnait yn dragwyddol ddyledus iti, trwy ymorol am gannwyll imi, a 'sgrifbin, a phapur ac inc. Os gwnei, byddaf ddiolchgar iti, ar fy ngwir, hyd ddiwedd f'oes.

CLOWN: Mastr Malvolio?

MALVOLIO: Ie, ffŵl annwyl.

CLOWN: Och, syr, beth wnaeth ichi fynd o'ch co'?

MALVOLIO: Ffŵl, chafodd neb erioed ei gam-drin mor echrydus. Rwyf gymaint yn fy synnwyr â thithau.

CLOWN: Gymaint â fi? Rydych wallgo yn wir, os nad ydych fwy yn eich synnwyr na ffŵl.

MALVOLIO: Bwriasant fi yma fel dodrefnyn. Fe'm cadwant yn y tywyllwch, ac anfon mulod o glerigwyr ataf, a gwneud a allant i ddrysu fy synhwyrau.

CLOWN: Ust! Cymer ofal: mae'r clerigwr gerllaw – Malvolio, Malvolio, adfered y Nefoedd dy bwyll iti. Cais ymorffwys a chysgu, a thaw â'th gibl-gabl di-fudd.

MALVOLIO: Syr Topas.

CLOWN: Rho heibio ymddiddan ag ef, gyfaill. Pwy? Fi, syr? Dim peryg, syr. Ffarwél, Syr Topas, ffarwél. Amen, syr. Gwnaf, syr, mi wnaf.

MALVOLIO: Ffŵl, ffŵl, ffŵl – clyw fy nghais.

CLOWN: Och, syr, amynedd! Beth yw eich cais? Fe'm ceryddir am siarad â chwi.

MALVOLIO: Ffŵl annwyl, tyrd â golau imi, a phapur ac inc. Ar fy llw, rwyf cyn galled â neb yn Ilyria.

CLOWN: Och fi, na fyddech.

MALVOLIO: Myn fy llaw hon, yr wyf. Ffŵl tirion – inc, papur, a golau; a dwg i'm Harglwyddes yr hyn a sgrifennaf. Fe dâl yn well iti nag unrhyw neges a gludaist erioed.

CLOWN: Mi wnaf fy ngorau. Ond dwedwch, ar eich llw, ydych chi'n wallgo yn wir, ynteu ffugio yr ydych?

MALVOLIO: Coelia fi, nac ydwyf. Rwy'n dweud y gwir.

CLOWN: Wel, fedra i ddim coelio gwallgofddyn nes *gweld* ei ymennydd. Af i nôl golau, a phapur ac inc.

MALVOLIO: Ffŵl, fe'th wobrwyaf hyd eithaf haelioni. Atolwg, dos.

CLOWN: 'Af yn wir, syr, a chyn hir, syr,
Gan mor daer yw dy gri,
Dof ar hynt, fel y mowrddrwg gynt,
Yn ôl atat ti.
Gall y mowrddrwg yn glau,
Gyda'i gledd o bren brau,
Ddweud a-ha! wrth y diafol;
Tor dithau, ddyn, d'winedd dy hun:
Yn iach it', ddyn-ddiafol'.

[*Exit.*

GOLYGFA III

[*Enter* SEBASTIAN.]

SEBASTIAN: Ie, dyma'r awyr; dacw'r haul ysblennydd:
Rwy'n gweld, rwy'n teimlo'r perl – ei rhodd i mi.
Ac er bod syndod megis llen o'm cylch,
Nid gwallgo mo'nof. Ond p'le mae Antonio?
Methais â'i weld yng ngwesty'r Eliffant,
Lle dylsai fod; ond dysgais hyn i sicrwydd,
– Bu'n chwilio amdanaf ym mhob cwr o'r dref.
Mor werthfawr fyddai'i gyngor imi'n awr!
Cans er i'm greddf – yn groes i'm barn a'm rheswm,
Ddweud nad gwallgofrwydd ond cam-ddallt yw hyn:

Eto, mor ddieithr, ac mor groes i gred
Yw'r digwydd hwn a'i ganlyniadau gwiw,
Rwyf bron â cholli ymddiried yn fy llygaid,
A thaeru, yn erbyn protestiadau pwyll,
'Mod i fy hun, neu ynteu'r gain Arglwyddes,
Yn berffaith amwyll. Eithr, ai gwallgof hi
Pan yw'n rheoli ei thŷ, yn llywio'i phobl,
A thrin a thrafod gweithgareddau'r plas,
Mor sicr, mor fwyn, mor dawel ac mor ddoeth?
Mae rhywbeth yn dwyllodrus yn y digwydd.
Ond ust, mae'r wemp Arglwyddes yn nesáu.

[*Enter* OLIVIA *a'r* OFFEIRIAD.

OLIVIA: Atolwg, maddau 'mrys. Os wyt o ddifrif,
Tyrd gyda mi a'r glân offeiriad hwn
I'r capel agos: yn y fan honno'n awr,
Dan gysegredig do, cei wneuthur llw
Mai eiddof wyt, a minnau'n eiddot ti.
A chaffed f'enaid bellach fyw heb boen
A heb eiddigedd. Addawodd yr offeiriad
Y ceidw efô'r gyfrinach hon ynghêl
Nes mynnu ohonot ei datguddio i'r byd.
Yn y cyfamser, fe gawn ddathlu'r amod
Mewn dull a weddai i'm tras. Beth yw dy farn?

SEBASTIAN: Rwy'n fodlon iawn, a thyngaf lw di-lyth:
'Nôl unwaith roi fy ngair – nis torraf byth.

SEBASTIAN: Ymlaen gan hynny, offeiriad. Gwenu'n llon
Y byddo'r Nefoedd ar fy ngweithred hon!

[*Exeunt.*

ACT V

GOLYGFA I

[*Enter* CLOWN *a* FFABIAN.]

FFABIAN: Rŵan, fel cyfaill cywir, gad imi weld ei lythyr.

CLOWN: Mastr Ffabian annwyl, gwnewch gymwynas arall â mi.

FFABIAN: Gwnaf, debyg iawn.

CLOWN: Wel, peidiwch â dymuno cael gweld y llythyr hwn.

FFABIAN: O, dyna f'anrhegu â chi, ac yna gofyn am y ci yn ôl yn dâl am yr anrheg.

[*Enter* DUG, VIOLA, CWRIO, *ac* ARGLWYDDI.

DUG: Ai pobl yr Arglwyddes ydych, ffrindiau?

CLOWN: Ie, syr, rhan o'i geriach hi ydym.

DUG: Rwy'n dy gofio di. Sut rydwyt, gyfaill?

CLOWN: Yn wir, syr, rwy'n well o ran fy ngelynion, ac yn waeth o ran fy ffrindiau.

DUG: Na, na, fel arall: gwell o ran dy ffrindiau.

CLOWN: Nage, gwaeth, syr.

DUG: Wel, wel, sut hynny?

CLOWN: O, syr, maent *hwy*'n fy nghanmol nes gwneud asyn ohonof – ond mae 'ngelynion yn fy ngalw'n asyn yn fy wyneb. Felly, trwy 'ngelynion rwy'n f'adnabod fy hun; ond trwy fy ffrindiau fe'm twyllir. A galw casgliadau'n gusanau, os yw pedwar *nage* yn gwneud dau *ie*, rwy'n waeth o'm cyfeillion ac yn well o'm gelynion.

DUG: Rhagorol yn wir.

CLOWN: Yn wir, syr, nage – er i chwithau weld yn dda fy ngalw'n gyfaill.

DUG: Ni fyddi'n waeth o'm hachos i. Hwde, ddarn aur.

CLOWN: Oni bai y byddech felly'n chwarae'r ffon ddwybig, syr, mi ddeisyfwn gael arall at hwn.

DUG: O, dyna awgrym di-ras.

CLOWN: Rhowch eich gras yn eich llogell, syr, am y tro, a boed i'ch cig a'ch gwaed weithredu.

DUG: Wel, byddaf ddigon pechadurus i chwarae'r ffon ddwybig: hwde un arall.

CLOWN: *Primo, secundo, tertio* – dyna chwarae da; ac yn ôl hen ddywediad, mae'r trydydd yn talu am y cwbl. Mesur da, syr, yw'r mesur tri churiad; neu gall clychau Sain Bened, syr, fod yn help i'ch cof – un, dau, tri.

DUG: Fedri di ddim cellwair rhagor o arian allan ohonof ar y tafliad hwn: ond os dwedi wrth d'Arglwyddes fy mod yma i siarad â hi, ac os llwyddi i'w denu i'r fan hon – gall hynny ail-ddeffro haelioni fy nghalon.

CLOWN: O'r gorau, syr; si-lwli i'ch haelioni nes dychwelyd ohonof. Rwy'n mynd, syr; ond peidiwch â meddwl mai'r pechod o ariangarwch yw f'awydd i dderbyn a chael. Ond fel y dwetsoch, syr, rhowch gyntun i'ch haelioni; fe'i deffroaf toc iawn.

[*Exit.*

[*Enter* ANTONIO *a* SWYDDOGION.

VIOLA: Syr, dacw'r dyn a'm cynorthwyodd i.

DUG: Rwyf innau'n cofio'r wyneb acw yn dda:
Ond du, gan dawch y drin, fel Fwlcan oedd,
Pan welais ef ddiwetha. Ie, dyma'r gŵr.
Roedd ar y pryd yn gapten pitw o long –
Rhyw lestr bach, di-nod, neu ysgafn fad –

Ond gwnaeth, rwy'n cofio, y fath niweidiol gyrch
Yn erbyn llong gadarna ein llynges ni –
Roedd pawb yn ddiymadferth yn ei ŵydd,
Gan syndod cenfigennus. Beth yw'r helynt?

Y SWYDDOG CYNTAF: Fe'i daliwyd ef yn ymladd yn y stryd,
Mewn sgarmes breifat, boeth, ryw awr yn ôl.

VIOLA: Fe wnaeth gymwynas bendant, syr, â mi,
Trwy dynnu'i gledd o'm plaid; ond ar fy llw,
Doedd ben na chynffon i'w ymadrodd wedyn.

DUG: Ti long ysbeilydd hynod, ti fôr-leidr –
Pa ryfyg ffôl a'th ddug i drigle pobl
Y pechaist gymaint, ac mewn dull mor ddreng,
I'w herbyn gynt?

ANTONIO: Orsino, urddasol syr,
Rwy'n gwadu, os caf, yr enwau a roesoch arnaf:
Ni fu Antonio yn lleidr nac yn 'sbeilydd:
Ond bûm, rwy'n adde', ac nid heb reswm da,
Yn *elyn* ichwi. Hudoliaeth a'm dug yma:
Cans myfi, o safn cynddeiriog fôr,
Achubodd hoedl yr anniolchgar lanc
A saif wrth d'ochr. Broc môr diobaith oedd;
Fe'i hymgeleddais innau mewn iawn bryd.
Fe'i cerais, do, heb fesur a heb ball;
Bu lwyr f'ymroddiad iddo ar hyd y daith,
Ac er ei fwyn ef, syr, y mentrais ddod,
Mor ffôl, i'r ddinas elyniaethus hon.
Heddiw'n y stryd, pan dynnais gledd o'i blaid,
Fe'm daliwyd gan eich dynion: yntau, syr,
O ddichell gwael, rhag rhannu'r perygl â mi,
A dyngodd na'm hadwaenai, a rhythu'n syn,
Fel pe na'm gwelsai ers ugain mlynedd faith.
Gwrthododd adfer im fy mhwrs fy hun –

Y pwrs a roeswn, hanner awr ynghynt,
Yn fenthyg iddo.
VIOLA: Sut y *gall* hyn fod?
DUG: Pa bryd y daeth i'r dref?
ANTONIO: Heddiw ddiwethaf: a chyn hynny, syr,
Yn cydymdeimlo y buom, ddydd a nos,
Am dri mis llawn, heb orig ar wahân.
[*Enter* OLIVIA *a* DILYNWYR.
DUG: Dacw'r Arglwyddes! Y mae'r Nef yn awr
Yn rhodio'r ddaear! Ond ti fôr-gapten, clyw –
Mae d'eiriau'n waeth nag ynfyd: mae'r llanc hwn
Ers tri mis llawn yn gweini arnaf fi!
Ymaith ag ef. Cawn ddod yn ôl at hyn.
OLIVIA: Pa beth yn awr, ac eithrio'r hyn nis caiff.
A fynnai f'Arglwydd oddi ar law Olivia?
– Cesario, nid wyt yn cadw d'air â mi.
VIOLA: Madam –
DUG: Fwynaf Olivia –
OLIVIA: Cesario, beth ddywedi? – Un eiliad, f'Arglwydd.
VIOLA: Dymuna f'Arglwydd siarad; rwyf fi'n fud.
OLIVIA: Os darn o'r *hen* diwn gron sydd gennych, f'Arglwydd.
Mae'r peth mor ddiflas, mor ddi-swyn i'm clyw
Ag oernad wedi miwsig.
DUG: Creulon fyth?
OLIVIA: Na, f'Arglwydd, di-anwadal fyth.
DUG: An-nynol hefyd? Chwi anaddfwyn riain,
Y cludodd f'enaid, mewn ymroddiad taer;
Yn offrwm i'w hallorau di-amgyffred –
Y rhoddion pura' 'rioed. Pa beth a wnaf?
OLIVIA: Gwnaed f'Arglwydd unrhyw beth a weddai iddo.
DUG: A pham na ddylwn, petai'r galon gennyf,
Fel y lleidr Eifftaidd gynt, yn wyneb tranc,

Ddistrywio a garaf – gan fod blas syberwyd
Ar wyllt eiddigedd weithiau. Ond clywch hyn:
Gan i chwi hyrddio 'ngobaith o'r naill du –
A minnau'n awr yn dechrau gweld y modd
Y'm gwasgwyd o'm dyledus le'n eich ffafr –
Hir oes fo i *chwi*, yn deirant marmor-fynwes;
Ond am eich eilun, eich cariadlanc hwn –
Er hoffed wyf ohono (Tyst fo'r Nef!) –
Fe rwygaf hwn i maes o'r greulon drem
Y mae'n goronog ynddi yn fy lle.
Tyrd fachgen, rwyf yn aeddfed i bob dial:
Caf ladd yr oen a dybiwn gynt mor gu,
I boeni'r glomen wen a'r galon ddu.

VIOLA: Minnau'n ddi-ofn, ddi-betrus a di-gŵyn,
A drengwn ganwaith drosodd er eich mwyn.

OLIVIA: B'le'r â Cesario?

VIOLA: Af i'w ganlyn ef
A garaf fwy na'm hoedl – anhraethol fwy
Nag y mae'n bosibl byth im garu gwraig.
Os ceisio twyllo yr wyf – chwi dystion fry,
Cosber fi'n drwm am lygru cariad cu.

OLIVIA: Gwae fi, fe'm twyllwyd; mor ddirmygus wyf!

VIOLA: Pwy sydd ar fai? Pwy sy'n eich twyllo chwi?

OLIVIA: A aeth pob peth yn ango'? Ymhen dwy awr?
Galwer y Tad Offeiriad yma.

DUG: Tyrd.

OLIVIA: F'Arglwydd, i b'le? Fy mhriod, Cesario, aros!

DUG: Eich priod?

OLIVIA: Ie, fy mhriod. Ni all wadu hynny.

DUG: Ei phriod, syr?

VIOLA: Nage, f'Arglwydd, ddim.

OLIVIA: Truenus ofn, ysywaeth – gwae fyfi –

A'th etyl rhag cyfaddef yr hyn wyt.
Cesario, mentra arddel d'uchel radd;
Ymateb i'r hyn wyt; rho braw dy fod
Cyfuwch â'r hyn a ofni.

[*Enter* YR OFFEIRIAD.

O croeso, Dad Offeiriad. Atolwg, syr,
Mynega'n awr (Er imi arfaethu gynnau
Gadw'r amgylchiad hwn ynghudd yrhawg)
Yr hyn a wyddost fu, ddwy awr yn ôl,
Cyd-rhwng y gwrda ieuanc hwn a minnau.

OFFEIRIAD: Cyfamod cywir o dragwyddol serch,
A'i gadarnhau trwy roddi eich dwylaw 'nghyd,
Ei selio â chusan santaidd, a'i ategu
Trwy gyd-gyfnewid eich modrwyau, a chloi
Holl seremoni'r glân gyfamod hwn
Dan fy nhystiolaeth, megis rhan o'm swydd:
Ac wedi hynny, gwn na theithiais i
Namyn dwy-awr parth â'r bedd.

DUG: Y corgi anonest! Beth a fyddi, os gwn,
Pan welir creithiau Amser ar dy groen?
Neu a fydd tw dy ddichell yn rhy chwyrn,
Nes baglu ohonot yn dy dwyll dy hun?
Ffarwél, a chymer hi. Dy siarsio'r wy'
I gadw ymhell oddi ar fy llwybyr mwy.

VIOLA: O, f'Arglwydd, rwy'n protestio –

OLIVIA: Na thwng ddim!
Dangos, er d'ofnau, beth ffyddlondeb im.

[*Enter* SYR ANDRW.

SYR ANDRW: Er mwyn popeth – llawfeddyg! Anfonwch ar unwaith at Syr Tobi.

OLIVIA: Beth yw'r helynt?

SYR ANDRW: Fe dorrodd fy mhen ar ei draws, ac mae corun

Syr Tobi yn waed i gyd. Yn enw'r Nef, rhowch gymorth. Byddai'n well gennyf fod gartref, pe costiai ddeugain punt.

OLIVIA: Pwy wnaeth hyn, Syr Andrw?

SYR ANDRW: Negesydd y Cownt, un Cesario: tybiwn mai llwfrddyn oedd o – ond mae'n ymladdwr melltigedig.

DUG: Fy nghennad Cesario?

SYR ANDRW: Wel, gwarchod pawb, dyma fo. Torraist fy mhen am ddim byd – ac os gwneuthum rywbeth iti, ar Syr Tobi mae'r bai.

VIOLA: Pam f'enwi fi? Ni chlwyfais i mohonot:
Codaist dy gledd i'm herbyn i heb raid;
Ond bûm ofalus rhag dy frifo di.

[*Enter* SYR TOBI *a'r* CLOWN.

SYR ANDRW: Wel, os yw corun gwaedlyd yn rhywbeth, fe'm brifaist; ond 'fallai nad yw'r corun gwaedlyd yn ddim byd i ti. Dyma Syr Tobi'n dŵad, dan hercian. Cei glywed 'chwaneg ganddo fo. Ond yn wir, oni bai'r ddiod, mi fasa wedi d'oglais yn amgen nag y gwnaeth.

DUG: O, syr, sut yr ydych?

SYR TOBI: Mae popeth yn dda, popeth yn dda. Fe'm clwyfodd a dyna ben. Rŵan, ddiotwr, 'weles di Ddic Feddyg?

CLOWN: O, mae'n feddw ers oriau, Syr Tobi, a'i lygaid yn llonydd yn ei ben ers wyth o'r gloch y bore.

SYR TOBI: Os felly, mae'n ddihiryn, ac yn pasi-meso-pafan. Mae'n gas gen i weilch meddw.

OLIVIA: Ymaith ag ef! Pwy wnaeth yr hafog yma arnynt?

SYR ANDRW: Fe'ch helpiaf, Syr Tobi, a chawn drwsio'n clwyfau ynghyd.

SYR TOBI: Tydi'n rhoi help – y cnaf wyneb-asyn, y dihiryn main-wynebog.

OLIVIA: Ewch ag ef i'w wely, a rhowch sylw gofalus i'w glwyfau.

[*Exeunt* CLOWN, FFABIAN,
SYR TOBI *a* SYR ANDRW.
[*Enter* SEBASTIAN.

SEBASTIAN: Mae'n wir ddrwg gennyf, Madam – rwyf yn euog.
O glwyfo eich ewythr: ond ni wnaethwn lai
I'm brawd fy hun o dan yr amgylchiadau.
– Oddi wrth y syndod dieithr yn eich trem,
Mae'n amlwg imi eich digio wrth wneuthur hyn.
F'anwylyd hoff, er mwyn y rhwymau a fu
Cyd-rhyngom heddiw – rhowch faddeuant im.
DUG: 'Run llais, 'run wisg, 'run wyneb – ond dau berson.
Dirgelwch deublyg: 'mae yma ystyr hud'.
SEBASTIAN: Antonio, O f'Antonio wiw,
Mor dra phryderus a fu'r oriau i mi
Ar ôl dy golli.
ANTONIO: Ai Sebastian ydych?
SEBASTIAN: A wyt yn f'amau, Antonio?
ANTONIO: Pa fodd yr ymranasoch chwi fel hyn?
Dau hanner yr un afal, ar fy llw,
Yw'r ddeuddyn ger ein bron. P'run yw Sebastian?
OLIVIA: Rhyfeddol odiaeth!
SEBASTIAN: Ai fi sydd acw? Ni bu im frawd erioed:
Ac nid wy'n meddu ar dduwdod o un math
I'm gwneud yn holl-bresennol. Bu gennyf chwaer,
Ond llyncwyd *hi* gan donnau dall y môr:
Dywed, bydd fwyn – a wyt berthynas im?
O ba ryw wlad, ac enw, a theulu rwyt?
VIOLA: O Mesalîn. Sebastian oedd fy nhad.
Sebastian hefyd oedd fy mrawd. Aeth o,
Mewn diwyg fel honyma, i'w ddyfrllyd fedd.
Os dichon ysbryd rithio delw a gwisg –
I'n dychryn oll y daethost.

SEBASTIAN: Ysbryd wyf,
Ond gyda'r unrhyw ddynol gorff yn wisg
Y sydd o'r groth yn eiddof. Ac yn awr,
Pe bait yn ferch – os gwir a ddwedaist ti –
Dywedwn, â'm dagrau'n disgyn ar dy rudd,
Croeso, Viola; croeso, chwaer golledig.
VIOLA: Yr oedd i'm tad fan geni ar ei dalcen.
SEBASTIAN: 'Run ffunud fy nhad innau.
VIOLA: Ac fe fu farw 'nhad yr union ddydd
Pan ddaeth Viola i'w thrydydd blwydd ar ddeg.
SEBASTIAN: Mae'r cof yn rymus yn fy nghalon byth:
Fe ddaeth ei farwol rawd yn wir i ben
Pan oedd fy chwaer ar drothwy tair ar ddeg.
VIOLA: Er nad oes rhyngom a llawenydd llwyr
Ddim ond y wisg wrywaidd fenthyg hon,
Paid â'm cofleidio nes bod mwy o ffeithiau
Am ffawd a thymp a lle'n cytuno i ddweud
Mai Viola ydwyf: ac i'r cyfryw amcan –
Mi af â thi at gapten yn y dref –
Yng nghartre'r hwn mae 'ngwisg fy hun ar gael.
Ef a'm hachubodd, ac felly y deuthum innau
Yn was i'r Cownt. Byth wedyn saif fy hynt
Rhwng f'Arglwydd yma a'r fwyn Arglwyddes draw.
SEBASTIAN: Camgymryd wnaethoch, felly, Arglwyddes wiw;
Ond Natur sydd gyfrifol am y gwall:
Nid ydych bellach wedi ymrwymo â bun.
DUG: Na synnwch ormod: llanc uchelwaed yw.
Os dyma'r safle – a gwn mai e – daw rhan
I minnau drwy'r llongddrylliad hapus hwn.
Ganwaith, rwy'n cofio, y dwedaist wrthyf, lanc,
Na cherit wraig byth fel y cerit fi.
VIOLA: Fe'i tyngaf eto ganwaith, fel o'r blaen,

A'i gadw yn f'enaid wnaf, yn ffyddlon wiw,
Y modd y ceidw y dirfawr haul ei dân,
Sy'n troi pob nos yn ddydd.

DUG: Rho im dy law:
A charwn mwy dy weld yng ngwisgoedd merch.

VIOLA: Mae 'ngwisgoedd gan y capten hwnnw a'm dug
O safn y môr i'r lan. Mae yntau'n awr
Yng ngharchar am ryw reswm. Malvolio, syr,
Gwasanaethwr i'm Harglwyddes, a'i carcharodd.

OLIVIA: Rhaid iddo'i ollwng ef yn rhydd. Ewch ato.
Ond na, rwy'n cofio – mae Malvolio ei hun,
Druan ohono, yn awr ymhell o'i bwyll.

[*Enter* Y CLOWN *a* FFABIAN.

Fy mhoen a 'mhryder chwerw fy hun, bid siŵr,
A barodd imi anghofio'i helbul ef.
Sut mae o bellach, syr?

CLOWN: Wel, Madam, mae'n cadw Beelzebub ymaith yn bur lwyddiannus, dan yr amgylchiadau. Sgrifennodd atoch y llythyr hwn, a dyl'swn fod wedi'i drosglwyddo ichwi ben bore heddiw. Ond nid oes Efengyl yn Epistol dyn gwallgo; ac felly, does dim angen brys yn ei gylch.

OLIVIA: Agor ef, a darllen.

CLOWN: O'r gorau, byddwch barod am adeiladaeth pan yw ffŵl yn cyflwyno gwallgofddyn. 'Yn enw'r Nef, Madam –'

OLIVIA: Aros: wyt tithau'n wallgof?

CLOWN: Nac wyf, Madam; darllen gwallgofrwydd yr wyf. Ac os yw f'Arglwyddes i'w gael fel y dylid ei gael, rhaid caniatáu gweiddi.

OLIVIA: Da thi, darllen yn dy iawn bwyll.

CLOWN: Rwy'n gwneud hynny, Madam; ond i ddarllen ei bwyll ef, rhaid darllen fel hyn. Ac felly, D'wysoges, ymbwyllwch ac erglywch.

OLIVIA: Syre, darllen di ef.

FFABIAN [*Yn darllen*]: 'Yn enw'r Nef, Madam, rŷch yn gwneud cam â mi, a chaiff pawb wybod hynny. Er i chwi fy mwrw i'r tywyllwch, a gadael i'r meddwyn, eich ewythr, fy rheoli – eto, f'Arglwyddes, rwyf gymaint yn fy synnwyr â chwithau. Mae eich llythyr chwi eich hun gennyf, sef y llythyr a'm perswadiodd i ymwisgo fel y gwneuthum – ac â hwnnw, mi wn, medraf naill ai fy nghyfiawnhau fy hun neu eich gwarthruddo chwi. Coleddwch y farn a fynnoch amdanaf. Rwyf braidd yn ddibris o gwrteisi, ond o'm cyni y llefaraf.

Y cam-driniedig FALVOLIO'.

OLIVIA: Ai ef ei hun a'i sgrifennodd?

CLOWN: Ie, Madam.

DUG: Nid oes fawr o wallgofrwydd yn hwnna.

OLIVIA: Dos, Ffabian, i'w ryddhau, a dwg ef atom.

[*Exit* FFABIAN.

Nawr f'Arglwydd, os bydd dda'n eich golwg
Fy nerbyn innau megis chwaer i chwi,
Ceir trefnu, os mynnwch, briodasol wledd
Yma'n y plas, ac ar fy nghost fy hun.

DUG: Madam, rwy'n fwy na pharod i gydsynio.
[*Wrth* VIOLA] Nid gwas mohonoch mwy. Ar bwys y gwaith a wnaethoch.
A oedd mor groes i naws a greddf eich rhyw,
Mor groes i'ch gwiw fagwraeth ac i'ch bonedd –
Ac am i chwi fy ngalw yn feistr cyhyd –
Mae'r meistr yn awr yn rhoddi ei law i chwi:
Meistres eich meistr 'fyddwch.

OLIVIA: A chwaer i mi!

[*Enter* MALVOLIO *a* FFABIAN.

DUG: Ai hwn sy'n wallgof?

OLIVIA: Ie, f'Arglwydd, dyma'r dyn. Sut rwyt, Malvolio?

MALVOLIO: Madam, fe wnaethoch gam â mi; cam dybryd hefyd.
OLIVIA: Tybed, Malvolio? Naddo.
MALVOLIO: Arglwyddes, do. Darllenwch hyn o lythyr,
Na cheisiwch wadu, yr awron, waith eich llaw.
Sgrifennwch hyn, os gellwch, yn wahanol –
Neu – tystiwch nad eich sêl a'ch dyfais yw.
Ni ellwch wadu'r ffaith. Wel, os yw'n wir,
Dwedwch, â llednais fryd anrhydedd, pam
Y rhoesoch imi arwyddion ffafr mor glir –
Erchi im wenu a dyfod ger eich bron
Yn groes-ardyrsog ac mewn sanau melyn,
Ac erchi im guchio ar Syr Tobi a'r lleill.
Pan geisiwn innau, yn ffyddiog, ufuddhau –
Paham y rhoesoch iddynt hawl i'm cloi
Mewn tywyll gell, ac erchi i'r offeiriad
Ymweld â mi? Fe'm gwnaethpwyd yn gyff gwawd,
Tu hwnt i neb erioed. Eglurwch, pam?
OLIVIA: Nid fy llawysgrif i yw hon, Malvolio;
Ac eto, ar fy ngwir, mae'n debyg iawn;
Mi fentraf ddweud mai llaw Maria yw hon;
Ac erbyn meddwl, hi a awgrymodd imi
Dy fod o'th bwyll; doist tithau i mewn dan wenu,
Ac wedi cwbl ymwisgo yn ôl y dull
A nodai'r llythyr. Tyrd, anghofia'r tro
Chwaraewyd tric â thi, a'i chwarae'n greulon;
Ond pan geir gwybod pwy fu'n chwarae felly,
Cei dithau'n farnwr ac erlynydd fod
Ynglŷn â'r cyngaws.
FFABIAN: Fwyn Arglwyddes, clywch:
Na chaffed ffrae, na ffrwgwd eto i ddyfod,
Ddim torri ar hedd yr awr bresennol hon –
Sy'n llawn rhyfeddod. Ac i arbed hynny,

Rwy'n llwyr gyfaddef mai myfi a Thobi
A fu'n cynllunio i dynnu anfri a gwawd
Ar ben Malvolio – i'w gosbi am dro gwael
A wnaethai ef, cyn hynny, â nyni.
Sgrifennwyd yr holl lythyr gan Maria,
Ar daeraf cais Syr Tobi. Yntau'n awr
A'i priododd hi, o ddiolchgarwch iddi.
Gall cofio'r holl ddireidi a'r hwyl, mi wn,
Gyffroi, nid dial, ond chwerthin iach, cyn hir,
Os pwysir y niweidiau o'r ddeutu'n deg.

OLIVIA [*wrth* Y CLOWN]: Y fath sarhad yw hyn i tithau, ffŵl.

CLOWN: Wel, mae rhai a enir yn fawr, mae rhai sy'n ennill mawredd, a rhai y lluchir mawredd atynt. Roeddwn innau hefyd, syr, yn yr interliwd, un Syr Topas, syr; tae waeth am hynny. 'Yn enw'r Nefoedd, ffŵl, nid wyf yn wallgof'; onid ydych yn cofio, Madam? – 'Paham y chwerddwch am ben cnaf mor ddiathrylith? Os peidiwch â gwenu, mae'n fud'; ac yn awr, dyma chwrli-gwgan amser wedi mynnu cael dial.

MALVOLIO: Caf innau ddial ar yr holl haid ohonoch!

[*Exit.*

OLIVIA: Fe gafodd ormod lawer o'i gam-drin.

DUG: Ewch ar ei ôl, a cheisio'i dangnefeddu:
Ni soniodd wrthym am y capten chwaith.
Pan glywom fwy, a phan ddêl addas dymp,
Fe geir cyfuno ein gwiw eneidiau ni.
Yn y cyfamser, f'annwyl chwaer, ein braint
Fydd peidio â myned ymaith. Tyrd Cesario,
(Cans dyna'r enw a gei tra byddi'n llanc);
O'th weld mewn arall wisg, fe'th elwir di
Yn wraig Orsino, a'm glân Arglwyddes i.

[*Exeunt y cwbl ond* Y CLOWN.

Cân

CLOWN: Pan oeddwn gynt yn grwtyn bychan iach,
(Gyda hei-ho, a'r curlaw ar fy ngrudd):
Doedd triciau ffôl yn ddim ond pethau bach:
(Rhaid i'r glaw gael glawio nos a dydd).

Ond pan gyrhaeddais oedran teg,
(Gyda hei-ho, a'r curlaw yn fy ngrudd):
Doedd imi groeso'n awr gan neb,
(Rhaid i'r glaw gael glawio nos a dydd).

Ond pan gês wraig yn gymar im,
(Gyda hei-ho a'r curlaw ar fy ngrudd):
Doedd swagro'n awr yn tycio dim;
(Rhaid i'r glaw gael glawio nos a dydd).

A phan ddaw'r dydd i'm orwedd yn y gro,
(Gyda hei-ho, a'r curlaw ar fy ngrudd):
Daw pennau brwysg i feddwon bro;
(Rhaid i'r glaw gael glawio nos a dydd).

Ond hen erbyn hyn yw'r ddaear fawr,
(Gyda hei-ho, a'r curlaw yn fy ngrudd);
Rhown derfyn, dro, ar ein chwarae'n awr;
(Ac ymrown i'ch plesio nos a dydd).

[*Exit.*